_____님

자신을 믿으세요! 매일매일 원하는 미래의
모습을 오감으로 느끼고, 원래 그러했던 것처럼
행동하세요. 반드시 이뤄질 겁니다.

_____

스토리
인시리즈
소소하지만 열정적인 당신의 일상을 공감과 위안, 힐링을 담아 응원합니다.
어떤 말들보다 큰 힘이 되어주고 당신만의 이야기를 마음껏 펼칠 수 있도록,
당신의 스토리와 함께합니다.

매일 다짐 240개
인생 응원 문장

초판 1쇄 발행 2024년 7월 31일

지은이. 정미선, 오혜승, 정유진,
      문미라, 하미옥, 홍재기
펴낸이. 김태영

씽크스마트 책 짓는 집

경기도 고양시 덕양구 청초로66
덕은리버워크 지식산업센터 B-1403호
전화. 02-323-5609

홈페이지. www.tsbook.co.kr
블로그. blog.naver.com/ts0651
페이스북. @official.thinksmart
인스타그램. @thinksmart.official
이메일. thinksmart@kakao.com

ISBN 978-89-6529-416-0 (13320)

•**씽크스마트** 더 큰 생각으로 통하는 길
'더 큰 생각으로 통하는 길' 위에서 삶의 지혜를 모아 '인문교양, 자기계발, 자녀교
육, 어린이 교양·학습, 정치사회, 취미생활' 등 다양한 분야의 도서를 출간합니다.
바람직한 교육관을 세우고 나다움의 힘을 기르며, 세상에서 소외된 부분을 바라봅
니다. 첫 원고부터 책의 완성까지 늘 시대를 읽는 기획으로 책을 만들어, 넓고 깊
은 생각으로 세상을 살아갈 수 있는 힘을 드리고자 합니다.

•**도서출판 큐** 더 쓸모 있는 책을 만나다
도서출판 큐는 울퉁불퉁한 현실에서 만나는 다양한 질문과 고민에 답하고자 만든 실
용교양 임프린트입니다. 새로운 작가와 독자를 개척하며, 변화하는 세상 속에서 책
의 쓸모를 키워갑니다. 흥겹게 춤추듯 시대의 변화에 맞는 '더 쓸모 있는 책'을 만들
겠습니다.

자신만의 생각이나 이야기를 펼치고 싶은 당신.
책으로 사람들에게 전하고 싶은 아이디어나 원고를 메일(thinksmart@kakao.com)로 보내주세요.
씽크스마트는 당신의 소중한 원고를 기다리고 있습니다.

인생
응원 문장

정미선·오혜승·정유진·문마라·하미옥·홍재기

 매일 다짐 240개

호황(好況)에 기뻐하고, 불황(不況)에 열정적으로 환호하자!

불확실성이 커지고 도저히 극복할 수 없을 것만 같은 역경 속에는 놀라운 변화를 가져올 기회가 있습니다. 코로나19 팬데믹이 그러했습니다. 전례 없는 시련 속에서 오히려 매출이 3배 이상 증가한 기업들을 볼 수 있었으니까요. 그들은 이렇게 얘기합니다. "코로나 덕분에 최고의 실적을 낼 수 있었어요.", "위기를 극복하고 나니, 또 하나의 성공 스토리가 만들어졌네요! 덕분입니다." 이들은 어떻게 불황을 극복하고 자신만의 이야기를 하나 더 만들 수 있었을까요?

호황기에 우리는 더 많은 기회를 얻고, 성장을 위한 발판을 준비합니다. 새로운 도전을 시도하며, 원하는 발전을 가져올 수 있습니다. 그러나 불황이 찾아오면 어떻게 받아들여야 할까요? 대부분의 사람들은 불황을 두려워하고 회피하려고 합니다. 하지만 바로 이 순간이야말로 진정한 실력을 발휘할 때입니다. 현실을 부정하고 외면하려는 것이 아니라 있는 그대로 받아들이고 극복할 수 있는 방법을 찾아낼 수 있는 역량이 필요합니다. 극복했기에 성공한 것이 아니라, 긍정적으로 받아들일 수 있었기에 극복할 수 있었고, 성공이라는 결과를 만들어낼 수 있었던 겁니다.

역경(逆境)은 또 하나의 성공 스토리를 만듭니다!

너무나도 높아 도저히 뛰어 넘지 못할 것 같은 장애물이 눈앞에 펼쳐지더라도 새로운 길을 모색할 수 있어야 합니다. 기존의 틀을 깨는 혁신이 필요한 순간인데요. 이때 우리는 자신을 돌보며 강점에 집중한다면 새로운 전략을 구상할 수 있습니다. 인간이 고통스러운 이유는 자신이 통제하지 못하는 것을 통제하려고 하기 때문이라고 합니다. 그렇다면 통제 가능한 고통은 무엇일까요? 바로 '나' 자신입니다. 그래서 이 시대 리더십의 본질은 어떠한 환경 속에서도 성공할 수 있는 내면의 힘에 달려 있다고 할 수 있습니다.

먼저, 고통에 순간이 찾아오면 도망치거나 부정하지 마세요. 직면(直面)할 수 있어야 합니다. 우리 삶은 늘 행복한 순간만이 가득하지 않습니다. 아니 불행의 시간이 더 많습니다. 그래서 저는 너무나도 큰 고통이 찾아오면, 이렇게 얘기합니다. "그래, 나 일수도 있지! 이번엔 무엇 때문에 이런 고난을 내게 주었을까? 또 하나의 강연 꺼리가 생겼네. 나의 성공 스토리를 잘 만들어보자고!"

냉정하게 현실을 받아들였다면, 그 다음은 '뭐든 해낼 수 있다'라는 생각으로 해결 방법을 찾아내야 합니다. 코로나 시기에 저 또한 벼랑 끝에 매달리는 상황을 경험했었습니다. 진짜 손가락 하나만 잘 못 움직여도 끝도 보이지 않는 바닥으로 추락하기 십상이었죠. 한동안 슬픔과 자책의 시간으로 가득 차 있는 패배자의 모습이었습니다. 그런데 이 또한 저의 무의식에 내재되어 있는 습관이라는 것을 깨달았습니다. 위기 순간마다 대처하는 패턴이 제 무의식에 프로그래밍 되어 있던 것이죠. 그래서 변화 시켰습니다. 의식적으로 저의 감정과 생각, 행동의 패턴을 원하는 방식으로 세팅시켰습니다. 말로 다 못 할 만큼 정말 어려운 시간이었습니다. 하지만 꼭 기억하셔야 합니다. 인간은 최악의 순간에도 자신의 감정, 생각, 행동을 원하는 대로 결정할 수 있다는 것을요. 자극과 반응 사이에는 나의 해석이 있고, 어떤 해석시스템을 가지고 있느냐에 따라 반응은 달라질 수 있습니다.

　자신을 믿으세요. 대체 불가능한 존재라는 사실을 잊지 마세요. 그리고 강점에 집중하세요. 자신만이 가진 강점에 집중하면 분명 해결할 수 있는 방법을 찾을 수 있습니다. 그리고 주변에 도움을 줄 수 있는 사람이 있다면 요청하세요. 혼자는 힘듭니다. 긍정 에너지를 주고받을 수 있는 사람이 곁에 있어야 합니다. 그러기 위해서는 먼저 긍정 에너지를 채워야 합니다. 내가 먼저 선한 영향을 줄 때, 주변에 좋은 사람들이 찾아오니까요. "부득이하게 포기하게 됐어."가 아닌 "그럼에도 불구하고 해냈어."를 외칠 수 있을 때, '때문에'가 아닌 '덕분에'를 말할 수 있습니다.

6명의 작가가 전하는 240개의 인생 문장

이 책은 비전과 용기, 확고한 결단력을 갖고 과감하게 앞서가는 사람들의 이야기가 담겨 있습니다. 다양한 책 속에서 발견한 주옥같은 문장과 함께 6명의 작가가 재해석한 글들이 함께 담겨 있습니다. 좌절을 실패가 아니라, 받아들이고 배우고 발전할 수 있는 기회로 인식할 수 있는 글들을 찾아볼 수 있을 겁니다.

초개인화 시대, 원하는 미래를 만들고 자기 주도적인 삶을 살아가는데 도움이 되는 지혜를 전하고자 합니다. 240개의 문장을 통해 장애물을 디딤돌로 바꿀 수 있는 모범적인 리더들의 이야기를 탐구할 수 있을 겁니다. 취업을 준비하는 청년, 매일 반복되는 일상이 걱정되는 직장인, 경쟁력 있는 브랜드를 구축하기 원하는 1인 기업가, 위기 속 기회를 찾고 있는 사업가 등 인생의 주인공이 되고자 한다면 꼭 읽어 보시기를 추천합니다.

작가 별로 파트 I 에서 파트 VI까지 목차가 구성되었습니다. 앞에서부터 순서대로 읽어 나가서도 괜찮고, 원하는 파트의 문장을 선택해서 읽어도 상관없습니다. 그리고 여러분들만의 인생 문장을 작성할 수 있도록 책 뒤쪽에 서식을 준비했습니다. 마음에 와 닿은 문장이 있다면, 기록하시고 자신의 문장으로 '재정의'하면 됩니다. 성공하는 사람들의 공통점은 '재해석'과 '재정의'를 잘한다는 겁니다. 자신의 언어로 표현될 때, 비로소 내 것이 된다는 것을 잊지 않으셨으면 합니다.

이제 당신의 스토리를 들려주세요!

호황과 불황은 우리의 인생에서 필연적으로 반복됩니다. 중요한 것은 우리가 어떻게 대응하느냐 입니다. 호황에 기뻐하며 성장을 즐기고, 불황에 열정적으로 환호하며 새로운 도전에 나선다면, 어떠한 상황에서도 우리는 성공할 수 있습니다. 작가들의 통찰력이 담긴 240개의 문장을 통해, 여러분들에게 희망의 등불이자 영감의 원천이 되기를 바랍니다. 단순히 생존하기 위해서가 아니라 번성하기 위해 현명하게 대처하고 더 밝은 미래를 위한 길을 함께 열어가셨으면 합니다. 지금이 바로 그 첫걸음을 내딛을 순간입니다.

오늘은 어제와 미래를 바꿀 수 있습니다. 불행했던 과거를 디딤돌의 추억으로 불투명한 미래를 기대되는 기회의 시간으로 그러니 오늘을 놓치지 마세요.

행복성장 모티베이터 홍재기

[차 례]

PART
I

필 굿 리더

. . . .

"생은 되어가는 과정입니다.

그 과정이 쌓여 세상에 하나밖에 없는

단 한편의 영화가 완성됩니다."

정미선 작가

생각할 짬

"통제냐 성장이냐, 둘 중 하나를 선택하라"

처음에 '성장'이라는 말을 들었을 때는 스스로 통제권을 발휘하면 더욱 개선된 결과를 얻는다는 뜻으로 이해했다. 하지만 통제권을 철회하는 것이 오히려 팀을 성장시키고 내 화이트 스페이스를 키우고 자신을 훈련하는 방법도 발전시킬 수 있다는 사실을 나중에 깨달았다.

통제는 늘 유혹적이지만 우리를 막다른 궁지에 빠트릴 가능성이 큰 도구다.

화이트 스페이스 : 아무것도 적히지 않은 달력의 빈 공간처럼 일정이 정해지지 않는 시간을 뜻한다.

줄리엣펀드, 『화이트스페이스』중에서

소중한 지금, 오늘을 누릴 기회를 놓치지 말아야겠습니다.

땀 흘리며 운동하고, 지인들과 수다를 떨며 박장대소하며, 일과 삶의 균형을 잡을 수 있도록 나의 삶의 멈춤을 허락해야 합니다.

우리 삶에서 '생각할 짬'을 주세요. 남들이 내게 기대하는 삶이 아닌 내 자신에게 진실한 삶을 선물하며 정말 중요한 것들을 붙잡으세요.

자기주도적 삶을 위한 실천방안!

깊이 있는 삶을 위해, 기쁨에 익숙해지기 위해, 내 삶의 왕좌에 자리 잡고 있는 핸드폰을 지금 바로 끌어내세요.

중요한 사람들과 함께 보낼 수 있는 시간을 만드세요.

잠시멈춤

불쏘시개와 땔감 사이에 공간이 없으면 불을 피울 수 없다.

줄리엣펀드, 『화이트스페이스』 중에서

과부하 시대입니다.

할 일 목록을 미친 듯이 지워나가는 일상을 보내고 있는 요즘 사람들. 순간순간 틈이 생기면 바로 할 일을 찾아 메우곤 하지요.

엘리베이터를 기다리는 동안, 컴퓨터 전원이 켜지는 동안, 이처럼 작은 짬이라도 생기면 우리는 바로 핸드폰을 켜며, 머릿속에는 정리되지 않는 메모들이 흘러넘칩니다.

순간과 순간의 사이에 틈을 만들고 그사이에 일어나는 인간적 관계와 뜻밖의 기쁨을 만끽하는 노력이 필요할 때입니다.

자기주도적 삶을 위한 실천방안!

바삐 돌아가는 일상에서의 잠시 멈춤과 일하지 않는 시간 자체가 지닌 미학을 경험 해 보세요.

상상세상

나는 피터 틸에게 "미래를 결정지을 수 있는 가장 중요한 트렌드는 무엇인가?"라고 물었다. 그의 답은 뜻밖이었다. "트렌드는 중요하지 않다. 미래의 삶에 가장 중요한 역할을 하는 건 '사명감'이다." 사명이란, 다른 사람들이 해결하지 못한 문제를 찾아내는 것이다. 다른 사람들은 엄두도 내지 못하는 문제를 해결하는 노력이다.

피터 틸(Peter Thiel) : 미국의 기업가, 벤처 캐피탈리스트, 작가, 정치 활동가

팀 페리스, 『타이탄의 도구들』 중에서

기후변화 등의 환경문제에 대한 대안으로 화성을 가겠다는 테슬라 일론 머스크의 사명.
세상을 변화시키고 사람들의 삶을 더욱 편리하게 만들겠다는 애플 스티븐 잡스의 사명.
세계인들의 생각과 문화를 공감하게 하고 연결의 노력을 해온 페이스 북 마크 주커버그의 사명.
성공은 아주 극소수의 사람들만 동의할 것 같은 진실을 이야기 하는 것입니다. 다른 사람들은 미쳤다고 생각하지만 나는 사실이라고 믿는 게 있다면 무엇인가요?

✒ 자기주도적 삶을 위한 실천방안!

자신이 보고 싶은 세상을 상상해 보세요. 오늘 하루 그 생각의 시작점에서 시작해 보세요. 그 누군가 상상만 하던 세상 중심에 어느새 나를 가져다 놓을지도 몰라요.

습관인생

"한번 천천히 생각해보라.
여러분이 갖고 있는 문제와 부정적 감정의 대부분은 아침을 좀 더 빨리 먹거나, 팔굽혀 펴기를 10번 하거나, 잠을 한 시간 더 자기만 하면 해결됐을 문제들 아닌가? 그런 문제들에 대해 일기를 쓰느라 너무 많은 시간을 허비하고 있지 않은가?"

토니 로빈스(Tony Robbins)는 성공코치, 사회학자, 작가, 연설가

팀 페리스, 『타이탄의 도구들』 중에서

습관은 그 사람 자체입니다. 성공적인 인생은 성공적인 하루가 쌓인 결과이기도 하지요. 악순환이라고 생각되어지는 중독의 습관은 단칼에 잘라내지 못할 것 입니다. 질긴 것일수록 여러 번 내리쳐야 끊어지는 것처럼. 반면 우리가 진심으로 원하는 모습이 있다면 그 또한 습관으로 만들어내야 합니다.

습관은 미래를 바꾸는 인간이 가지고 있는 가장 강력한 힘입니다.

✒ 자기주도적 삶을 위한 실천방안!

지금부터라도 습관이 얼마나 중요한지를 다시 한 번 생각해 봅니다. 사람이란 반드시 감정이 약해지는 순간이 와요.
그때 별다른 노력을 하지 않아도 지금 내가 만든 습관이 나의 삶을 지탱해 줄 거예요. 바로 시작할 일은 무엇인가요?

탄력도전

내 전략은 가능한 빨리 틀리는 것이다. 우리는 어차피 많은 실수를 할 것이고 또 시작하면 엉망이 될 것을 잘 안다. 하지만 그것을 두려워 할 필요가 없다. 대신 우리는 이왕 틀릴 것을 빨리 틀려 피드백과 해결책을 신속하게 얻어 왔다.

김현중, 『바운스 백』 중에서

어려움이나 실패를 겪은 후 다시 일어나고 회복하는 능력을 의미하는 '바운스 백'

세상은 늘 변화하고 변화는 기회다. 그 기회를 잡기 위한 모든 실행은 도전이고, 그 속에는 난관이 가득 할 겁니다.
기회가 계속 오는 세상에서 빨리 틀리는 일에 용기를 갖는 일.
새로운 것을 시도 하고 실패의 경험까지도 자산으로 삼는 일.

그것만이 새로운 세상에서 성공으로 이어지는 성장의 발판이 될 것이란 걸 믿는 일.

자기주도적 삶을 위한 실천방안!

모든 실행은 도전입니다.
그 도전 속 난관을 극복할 때, 달콤한 과실을 맛 볼 수 있습니다.
실패하더라도 다시 탄력 있게 튀어 올라 더 큰 성과를 낼 수 있다는 '바운스 백'을 믿으세요.

용기정복

용기 있는 사람은 두려움을 느끼지 않는 사람이 아니라 두려움을 정복하고 압도하여 뛰어 넘는 사람이다.

김현중, 『바운스 백』 중에서

두려움을 떨치라는 말이 있습니다.
이것은 두려움을 회피하라는 말은 아닙니다.

"우리가 가장 두려워해야 할 것은 바로 두려움 그 자체입니다."
루스벨트의 그 유명한 연설처럼, 미래를 준비하는 사람들에게 두려움이란 늘 함께하는 본질과 같습니다.
두려움으로 인해 발생하지 않은 실패를 걱정하지 마세요.

우리가 현재 누리고 있는 것들은 평소보다 더 강한 압박에서 쟁취된 것임을 잊지 마세요.

자기주도적 삶을 위한 실천방안!

진정한 용기란, 불확실한 상황에서도 두려움을 정복하고 압도하겠다는 마음입니다.
자신의 신념과 목표를 향해 행동하는 하루를 만들어보세요.

감사루틴

아주 절박한 순간에만 기도하지 마라. 최대한 자주 기도하라.
기도는 '감사'의 미덕을 강화시킨다.
감사하는 삶이 실패와 좌절에 빠지는 경우를 나는 보지 못했다.
기도는 당신의 삶을 풍요하게 만드는 모든 행동의 주인이다.

에드 마일렛, 『'한 번 더'의 힘』 중에서

믿음이 나의 생각을 이끌어 간다는 것을 알기에 기도가 나의 행동을 주도하는 것을 알기에 '한 번 더!' 믿고, '한 번 더!' 기도를 합니다.

믿음과 기도가 삶에 루틴이 되는 순간 나는 몰라보게 강해질 것입니다.

기도는 감사의 힘을 만들어 낼 것이고 감사로 무장된 나의 삶은 실패와 좌절에 빠지지 않게 할 것입니다.

기도와 감사는 나의 삶을 풍요롭게 만들어 내는 가장 중요한 행동입니다.

자기주도적 삶을 위한 실천방안!

믿음이 없는 사람은 무언가 새로운 일을 시작하는 일, 연인을 만나는 일 등을 하지 마세요. 절대 멀리 갈수 없습니다.
우리 삶은 늘 불확실한 미지의 세계로 항해가고 있고 모험과 결단을 필요로 하지요. 결국 용기가 필요한 것이고 용기는 믿음에서만 나온다는걸 잊지 마세요.

문화창조

문화는 당신의 팀원들이 독특한 자신만의 개성과 천재성을 발휘하는데 중요한 역할을 한다. 이와 동시에 창의적인 미래에 집중하는 데에도 문화의 역할은 매우 긴요하다.
구성원이 각자의 자아를 실현하고 더 나은 미래를 만드는 데 에너지를 쏟게 하는 문화는 어떤 질문도 겁내지 않고 받아들인다. 투명함에 가치를 두어 최고의 열린 태도를 유지한다.

에드 마일렛, 『'한 번 더'의 힘』 중에서

오래 전부터 소속되어 있는 커뮤니티 'THE 365'가 있습니다.
멤버들의 소속감과 만족도도 높고 대외적으로 뛰어난 리더들이 머무는 곳으로 인정받는 팀이지요.
그 커뮤니티에는 탁월한 문화가 있습니다.
탁월한 문화가 탁월한 팀을 만들어내고 있음을 보여줍니다.
훌륭한 문화를 가진 팀은 어떤 난관에 부딪치더라고 앞장서서 기꺼이 뚫고 나가는 힘이 있습니다.
외부 공격으로부터 싸우지 않고도 승리하며 팀원들을 완벽히 보호하는 힘이 있습니다.

자기주도적 삶을 위한 실천방안!

최고의 팀워크를 통해 단단한 커뮤니티를 만들어 보세요.
결국 당신이 가장 큰 보상을 얻게 될 것입니다.

절대위너

위너들은 말한다. "10퍼센트 더 노력하는 가장 큰 이유는, 자기 자신에 대해 존경심을 가질 수 있기 때문이다.
자신을 존중하는 것보다 더 큰 보상은 없다."
10퍼센트 더 하는 사람은 늘 다음의 태도를 나타낸다.
'이일은 내가 아니면 누구도 할 수 없어, 내가 해야만 해. 그리고 나는 그걸 해내고 말 거야.'

보도 섀퍼, 『보도 섀퍼의 이기는 습관』 중에서

많은 사람들이 머릿속에선 꿈을 꾸고 있지만, 앉아서 생각만 합니다. 행동하지 않습니다.

내가 꿈꾸던 라이프스타일을 정의하고 명확한 목표를 세우고 시간 낭비 되는 것들을 제거하며 그 모든 것들을 성취하기 위한 행동을 취하는 것.

우린 각자가 생각 할 수 있는 최선의 일을 해야 합니다.

자기주도적 삶을 위한 실천방안!
시작한건 끝까지 해야 합니다.
절대 그만 두지 않아야 합니다.

원점습관

연습은 장인을 만든다. 그리고 폐인도 만든다.
무엇을 연습 하든 그것은 하나의 습관이 된다.
뭔가 잘못된 것을 연습하면 잘못된 습관이 형성된다.
올바른 것을 연습해야 올바른 습관이 만들어진다.

보도 섀퍼, 『보더 섀퍼의 이기는 습관』 중에서

부자가 되기 위해 수많은 영상과 책을 읽으며 부자들의 습관을 보고 배우려는 사람들이 많습니다.

그럼에도 현실에 안주해 버리고 부자가 되지 못하는 이유는 바뀌지 않는 고질적인 습관 때문입니다.

게으름, 돈쓰는 습관, 목표 없는 삶, 그런 습관들을 바꾸지 않는 한 부자가 될 수 없습니다.

습관은 그 사람 자체이기 때문입니다.

자기주도적 삶을 위한 실천방안!

게으른 사람들은 부지런해지는 게 먼저입니다.
돈 쓰는 습관, 돈 버는 습관, 저축하는 습관부터 배우세요.
습관이 결국 미래의 판을 바꿉니다.

실행생존

책을 읽고 실행에 옮길 수 있는 사람은 대체로 10명중 1명이다.
9명은 평론가라도 된 듯 아무것도 하지 않는다.
유감스럽지만 이런 사람들의 현실은 어떻게 굴러가도 달라지지 않는다.

"행동만이 현실을 바꾼다. 행동하는 사람은 목표를 실현할 확률이 비약
적으로 높아진다."

간다 마사노리, 『비상식적 성공 법칙』 중에서

수많은 창업자들이 있습니다.
그들의 인사이트와 열정들이 하나하나 모여 세상을 바꿉니다.

매일 실패로 보이는 것들이 연결되고 축적되어 결국 목표를
이룹니다.

"지금 세상은 성공이 목표가 아닌 생존이 목표입니다."

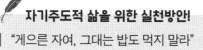 자기주도적 삶을 위한 실천방안!
| "게으른 자여, 그대는 밥도 먹지 말라" |

성공최면

"왜 기존의 성공 법칙은 통하지 않는 것일까?"
자기 스스로 평범한 사람이라는 이미지를 가지고 있는 한 당신은 성공할 수 없다.

간다 마사노리, 『비상식적 성공 법칙』 중에서

대다수의 사람들이 수많은 정보를 통해 성공법칙들을 배웁니다. 성공 확률을 높이고 있는 것이죠.

그렇다 하더라도 문제는 이전의 자기 모습으로 돌아가려는 습성이 있다는 겁니다.

과거 자신의 이미지를 넘어서려면 셀프 프로그래밍을 해야 합니다. 평범한 모습을 완벽하게 업그레이드를 해야 합니다.

자신이 원하는 대로 잠재의식을 프로그래밍하는 겁니다.

자기주도적 삶을 위한 실천방안!

그럼에도 불구하고 리더가 되고, 그럼에도 불구하고 부자가 되었습니다.
끊임없는 노력을 통해 반드시 승리하시길…

한계금지

성공하고 싶으면 성공한 사람처럼 살아서는 안 된다. 성공한 사람이 되어야 한다.
지혜를 얻고 싶다면 현자처럼 살아서는 안 된다. 현자가 되어야 한다.
성공한 사람, 현자가 되어 그들의 무리에 어깨를 나란히 해야 한다.
배움과 연습은 두 번째다. 성공한 삶, 현명한 삶을 지금 살아야 한다.
그렇게 살면서 고치고 확장하고 발전하는데 필요한 것이 바로 배움과 연습이다.

웨인 다이어, 『우리는 모두 죽는다는 것을 기억하라』 중에서

우리 각자는 영원히 살 것처럼 하루하루를 보내고 있습니다.
하지만 사람은 영원히 살지 못합니다.

영원히 살수 없는 우리에게 필요한 삶의 방식은 무엇일까요?
그냥 '이 순간을 어떻게 살아갈 것인가?'라는 방법을 계속 생각하는 것입니다.

바로 코앞에 죽음을 기억하며 말입니다.

자기주도적 삶을 위한 실천방안!
내 삶을 단정 짓지 말고, 한계를 규정하지도 마세요.
그냥 이 순간, 이미 목표와 꿈을 이룬 사람처럼 살아보세요.
당신의 꿈을 이룰 확률이 높아 질 겁니다.

· · · · ·
우울퇴치

언젠가 친구에게 습관적으로, 무심하게 말한 적 있다.

"요즘 정말 우울해. 뭘해야 할지 통 모르겠어." 친구가 답했다.

"무엇이든, 무엇이든 해. 자전거가 보이면 자전거를 타고, 공이 보이면 하늘로 높이 던지고, 무엇이든 손에 잡히도록 해봐."

"그게 좋은 처방일까?" 친구가 활짝 웃으며 말했다.

"우울함이 가장 두려워하는 것은 '활동'이야. 활동적인 사람은 우울할 시간이 없지. 우울에게 시간을 내주지 마. 먹이도 주지 말고. 그게 유일한 답이야"

웨인 다이어, 『우리는 모두 죽는다는 것을 기억하라』 중에서

오늘 무엇을 하셨나요?

죽을 듯이 온 힘을 다해 최선을 다하셨나요?

지금은 최선의 최선을 다해도 될까 말까 하는 시대입니다.

미래를 기대하지 않는 사람들. 되는 대로 지금 현재를 살아가는 사람들. 스스로 좀비가 되어 가는 사람들.

지금은 어쩔 수 없게도 반드시 생존을 위해 강해져야 하는 시대입니다. 좌절하는 나약한 내가 아닌, 무엇이든 사력을 다해 버티고 부딪히는 내가 되다 보면 하늘도 모르는 체 하지는 않을 것입니다.

자기주도적 삶을 위한 실천방안!

우울이…, 좌절이…, 슬픔이…

마음껏 자랄 수 있는 시간과 먹이를 절대 주지 마세요.

감정근육

감정근육은 사용하지 않으면 결국 사라진다.
사용하지 않는 신경회로는 점점 퇴화 한다.
용기를 내지 않으면 약해지고 몸에 배지 않는 헌신은 시들해지며
표현하지 않는 열정은 사라지고 만다.
풍요롭고 영향력 있는 감정을 사용하려면 지금 당장 결심하자.
더 많이 사용할수록 강해진다.
좋은 결과를 만들고 건강하고 준비된 상태를 유지하고 싶다면 감정의 근
육을 단련하자.

토니 로빈스, 『토니 로빈스 거인의 생각법』 중에서

문뜩 마음속에 끓어오르는 감정이 있을 때가 있습니다.
하고 싶은 게 생겼다면 바로 당장 시작해야 합니다.

시작하지 않으면 바로 식어버리는 게 우리의 감정이고 도전
하지 않는 순간 바로 생기는 게 걱정이니까요.

"용기는 기회를 만들고, 고민은 원하는 결과를 낳는다."

자기주도적 삶을 위한 실천방안!

일 년이 참 빠릅니다. 일 년을 모으다 보면 어느새 노년의 시기
를 실감하게 되겠죠. 기회를 놓쳐 후회하기 전에 두근거리는 새
로운 삶에 도전해 보세요.
'생각하는 대로 되는 세상' 그 세상에 주인공은 바로 당신입니다.

끼리끼리

유유상종.
물이유치.
초록동색.

옛말 틀린 말 하나 없다.
결국은 끼리끼리 모이는 법이다.

토니 로빈스, 『토니 로빈스 거인의 생각법』 중에서

진심으로 성공하고 싶다면, 주변을 둘러보세요.
성공의 열망으로 분주하게 뛰고 있는 사람들…
물에 물 탄 듯 술에 술 탄 듯 사는 사람들…
우리들은 각자 자유 의지에 따라 움직인다고 생각하지만 개
인의 의지보다는 주변의 환경에 영향을 받고 있다는 걸 알아
야 합니다.

미래를 함께 꿈꾸는 사람들을 찾으세요.
우리의 하루를 완벽히 다른 하루로 만들 겁니다.

자기주도적 삶을 위한 실천방안!
당장 주위를 둘러보세요.
당신은 지금 누구와 함께하고 있습니까?

오늘살기

우울함과 불안함으로 고통 받는 사람들에게 힘내라는 말은 하반신이 마비된 사람에게 달려보라고 하는 것과 같다.
중요한 건 포기하지 않고 시도 때도 없이 밀어닥치는 감정과 함께 살아가는 법을 배운 것이다.
승리의 비결은 얼마나 세게 치느냐가 아니라 얼마나 세게 맞고 버티느냐… 때로 서 있는 것만으로 충분했다.

홍정욱, 『50 홍정욱 에세이』 중에서

하늘이 어두울수록 더욱 반짝이는 별을 볼 수 있고 그 어두운 밤이 지나면 반드시 희망의 아침을 맞이할 수 있다는 사실을 우리 모두는 알고 있지요.

우리 삶의 위대함은 한 번도 넘어지지 않음에 있는 것이 아닌 넘어질 때마다 다시 일어날 수 있는 용기에 있습니다.

자기주도적 삶을 위한 실천방안!

어제를 후회하나요? 내일을 걱정하고 있나요?
그렇다면 오늘을 살 틈은 없습니다.
지금 바로 자세를 바르게 하고 눈을 감아보세요.
생은 되어가는 과정에 있고 충만한 감정이 흐릅니다.

꿈의광기

창업자는 성공의 확신으로 실패의 공포를 압도하는 광기를 품어야 한다.
위험하지 않는 꿈은 꿔야 할 가치가 없다.

홍정욱, 『50 홍정욱 에세이』 중에서

신념이란 보이지 않는 것을 믿는 것이고, 신념에 대한 보상은
내가 믿었던 그것을 눈앞에 결과로 보게 되는 겁니다.

우리는 지금 생존의 지옥에 살고 있다는 걸 잊지 않아야 합
니다.

한 편의 위대한 모험이 펼쳐지는 대서사시와도 같은 삶.
한 판 제대로 붙어 보는 건 어떨런지…

✎ 자기주도적 삶을 위한 실천방안!

아무리 힘들고 지쳐도 가슴의 부름에 응답하세요.
가슴의 소리를 듣는다는 건 늘 깨어 있고 도전했다는 것이고,
후회가 없는 삶이었다는 의미일 것입니다.
진정한 성공은 후회 없는 삶입니다.

시대예보

잊지 말아야 합니다. 어떤 것도 반드시 지켜야 하는 것은 아님을.
모든 것은 우리가 지금 만들어나가고 있음을.

송길영, 『시대예보 : 핵개인의 시대』 중에서

주변을 조금만 돌아보면 역사 속 흘러온 지난 시간들 속에 수 많은 변화가 있었음을 우린 금방 알아차릴 수 있습니다.

대한민국은 집단주의가 지나고 개인주의로, 탈 권위와 핵가 족이 지나가고 있음을 실감하고 있는 중이며 벌써 반세기가 지나 이젠 변화할 타이밍을 맞고 있는 듯합니다.

유튜브를 통해 천 명, 만 명의 스승을 만날 수 있게 된 세상… 정보의 원천이 다변화되어 가고 있음을 알 수 있습니다.

미래를 대비해야 하는 시대. 이런 상황에서 지나치게 많아진 정보로 혼란을 느끼는 사람들이 많아지고 있습니다.

좋아하는 걸 선택해서 몰입하고 에너지를 써야 할 중요한 때 입니다.

자기주도적 삶을 위한 실천방안!

변화하지 않으면 일반 사람들에게는 지옥과도 같은 시기입니 다. 그러면서 소수가 매우 큰 혜택을 받고 있는 세상이지요.

절대 잊지 마세요. 세상의 성공 아이템들은 이미 그 어떤 시절 모두에게 똑같이 기회가 주워졌었음을…

명품인간

현재 상황에 자족하고나 남들이 믿는 것을 당연하게 따라 믿는 사람은, 당연하다고 믿는 사람들과 얼마든지 대체될 수 있다.

남들이 믿는 것을 나도 믿고, 남들이 가진 생각을 나도 갖고 있다면, 내가 하는 일을 다른 사람이 한들 무엇이 달라지겠는가?

대체 할 수없는 사람, 그래서 높은 가격을 매겨도 사람들이 불평하지 않는 명품 인간이 되기 위해서는 끊임없이 자신을 뒤흔들어야 한다.

변화가 왔을 때, 남들처럼 와르르 무너지지 않기 위해서 이다.

박용후, 『관점을 디자인하라』 중에서

나에게 묻습니다.

'나는 얼마든지 대체 가능한 사람인가?'

아니면 '대체 불가능한 특별한 사람인가!'

어떤 값을 치루든 지불한 값보다 물건에 대한 만족감이 더 크고, 다른 물건으로는 대체 될 수 없을 것 같은 것을 우리는 명품이라고 합니다.

그리고 다른 사람들은 미처 생각하지 못한 것들을 먼저 생각해 내고, 다른 관점으로 훨씬 앞서 있으며, 얼마를 줘도 아깝지 않은 특별하고 가치 있는 사람들을 '명품인간'이라고도 합니다.

명품인간.

다른 사람으로는 대체 될 수 없는 사람.

아무도 나를 대체하지 못한다면 나도 명품인간이 되어 가고 있는 중일 겁니다.

✒️ 자기주도적 삶을 위한 실천방안!

눈을 감고 스스로를 돌아봅니다.

나는 주어진 그대로를 받아들이는 사람인가!

한 번 더 생각하고 관점을 바꾸어 생각지도 못한 가치를 만들어내는 사람인가!

그동안 가지고 있던 당연하다고 믿어왔던 모든 것들을 흔들어 보세요.

지금 바로!

관점해석

사람들에게는 생각이 꼬리를 무는 것처럼 무엇인가를 연결하려는 습성이 있다. 하지만 연결점이 없더라도 관점을 달리하여 다른 방법으로 생각하는 것은 유연한 관점을 가진 창조자의 특성이다.

대부분의 사람들은 발전을 하려면 순차적인 행동을 해야 한다고 생각한다. 그리고 기존의 생각에 덧붙여진 점진적인 생각을 해야 한다고 생각하기 쉽다. 기존의 고정관념에 사로 잡혀 자신의 것이 절대적으로 옳다고 고집해서는 안 된다. 본질에 대한 재해석이 필요할 때도 있다.

박용후, 『관점을 디자인하라』 중에서

생각이 많을 때가 있습니다. 그런데 가끔은 생각의 흐름을 방해하는 것들이 있지요. 갑자기 드는 돌발적인 생각들 때문일까요? 어쩌면 그것보다 더 중요한 건 고정된 관념. 즉 기존에 존재해 왔던 것들에 대한 생각 때문일 수도 있습니다.

당연하다고 믿는 것들로 인해, 새로운 생각들을 떠올리지 못하고, 기존에 해왔던 것들만이 떠올라 창의성도 목표 의식도 흐려져 갑니다. 이럴 땐 당연하다고 생각되어져 왔던 것들에 대해 내려놓아야 합니다. 제로 포인트에서 다시 생각해 보며 본질을 보려고 노력해 보는 겁니다.

자기주도적 삶을 위한 실천방안!

우리 모두는 각자의 시간대에 놓여 져 있습니다.
자신에게 주어진 삶속에서 자유롭게 경주를 하면 됩니다.

감동스펙

'모든 스펙을 이기는 스펙'은 뭘까요? 정답은 리스펙트respect 입니다.
즉 '모든 스펙을 이기는 스펙'은 존중 혹은 존경입니다.
그런데 무척 흥미롭지 않은지요? '리스펙트'로 쓰거나 'respact'로 쓰더라
도 낱말의 중앙에 '스펙sepc'이 들어 있으니까요.

이미도, 『똑똑한 식스펙』 중에서

자기를 존중한다는 건, 나쁜 생각을 덜 하게 되는 것이고 나
쁜 생각을 덜 하게 된다는 건, 자존감이 커진다는 것입니다.

자존감이 커진다는 건, 자신감이 생긴다는 것이고 자신감이
생겼다는 건 용기, 즉 추진력이 생겼다는 것입니다.

그 어떤 상황에서도 스스로를 존중해 주고 또한 긍정적 삶의
태도로 무장한다면 힘들었던 과거는 사라지고 완전히 새로운
나의 전성기를 맞이하게 될 거예요.

자기주도적 삶을 위한 실천방안!

마음의 소리에 집중하세요. 당신의 재능을! 당신의 저력을!
끝까지 포기 하지 않는다면 스스로 감동한 성공이 당신을 따라
와 스스로 품에 안길 테니까요.

영혼선장

'고통 없이는 얻어지는 것도 없다.'

간절히 원하는 삶이 있다면, 땀과 노력으로 상징되는, 고통이 뒤따르기 마련이라는 뜻일 것입니다.

만약 당신이 지금 어떠한 고통을 겪고 있다면 그것 또한 성취를 향한 노력과 희생의 과정이라는 것을 잊지 마세요.

진취적으로 미래를 준비해야 합니다.
고통 없이, 준비 없이 그 어떤 것도 얻을 수 없습니다.

자기주도적 삶을 위한 실천방안!
뚜벅뚜벅 나아가세요.
원하는 게 있다면 도전하고 준비하세요.
당신 영혼의 선장이 되어야만 합니다.
그래야 항해 끝에서 후회가 없습니다.

미래정답

우리가 매일 하는 행동들은 미래의 나 자신한테 빚이 될 수도 있고 투자가 될 수 있다고 해. 내가 오늘 운동을 열심히 했으면 그것은 미래의 나에게 건강에 대한 투자를 하는 것이고, 내가 오늘 아무 의미 없이 유튜브만 보고 하루를 보냈다면 그것은 미래의 나를 위해 빚을 만드는 거지.
지금의 네가 이 불안감을 감당하지 않으면 결국 미래의 네가 고스란히 그 불안감을 감당해야 될 때가 올 꺼 야.

서과장, 『사는 동안 한 번은 팔아봐라』 중에서

사장이 되지 않으면 결국 자의 또는 타의로 회사를 떠날 때가 와요.
그리고 개인이 스스로 만들어가야 하는 비즈니스를 하게 되죠.
막막한 불안감을 감당해야 하는 순간을 맞이하게 되는 겁니다.

그런데 그 불안한 감정들을 50대, 60대에 느끼는 것보다 한 살이라도 젊었을 때 대면하는 것이 더 나을 수 있지 않을까요?

성공적으로 사업을 운영하는 사람에게 언제 사업을 시작하면 좋을지 물어본다면, 대부분 빠르게 사업을 시작하라고 할 겁니다.

세상은 빠르게 변하고 있습니다.

이젠 한 개인 누구라도 유통의 중심이 되어 판매를 일으킬 수 있는 기회의 세상이 되었습니다.

결국 내 마음이 원하는 대로 움직이는 세상.
도전하세요!

✒ 자기주도적 삶을 위한 실천방안!

이미 마음속에 답을 정해 놨다면 기우는 쪽으로 가세요!

링크판매

우리는 나이가 들어서 노동력을 팔고 싶어도 못 팔 때가 온다.
그럴 때 돈을 벌기 위해서는 무언가를 팔아야 한다.
도배기술을 배워 도배 기술을 팔든 화장실 청소를 배워 화장실 청소서비스를 팔든, 하다못해 보험을 팔든 뭐든 팔아야만 돈을 벌고 살 수가 있다.
그때를 대비해서 우리는 무엇을 팔더라도 잘 파는 방법을 알아야 하고 부업을 통해서 잘하는 방법을 배우고 연습할 수 있어야 한다.

서과장, 『사는 동안 한 번은 팔아봐라』 중에서

"새로운 경험으로 사고가 한번 확장되면 결코 그 전의 차원으로 돌아가지 못 한다"

생각해 보면 세상의 모든 돈벌이는 그 어떤 것이라도 파는 것에서부터 시작됩니다.

회사에선 나의 노동력을 팔아서 월급을 받고, 기술자는 기술을 팔아서 돈을 벌고, 회사는 제품 또는 서비스를 팔아서 기업의 이윤을 남깁니다.
당연히 자영업자도 음식과 물건들을 팔아서 돈을 버는 것이죠.

온라인 시대가 열리면서 개인들에게 퇴근 후 집에서도 무언가를 팔아볼 수 있는 기회가 열렸습니다.

유튜브나 블로그를 만들어 링크를 노출하고 그 노출을 통한 무언가를 팔아볼 수 있는 세상!

콘텐츠든, 물건이든 상관없습니다. 실패하든 성공하든 상관 없습니다.
이런 도전들이 변화하는 세상에 대처하는 뇌로 변해 가는 과정이고, 부자가 되는 과정일 겁니다.

자기주도적 삶을 위한 실천방안!

| 지금 나는 무엇을 팔수 있는가!

• • • •
선택시험

"도구는 제작될 수 있으며, 프로그램은 설계될 수 있으나, 신뢰는 유기적인 성질을 갖고 있어서 명령이나 지시로는 형성될 수 없다.
일단 신뢰가 깨지고 나면 그것이 다시 자라기까지는 아주 오랜 시간이 걸린다. 신뢰는 경험을 토양 삼아 자란다."
다시 말하지만. 변화를 일으킬 수 있는 사람은 똑똑한 엔지니어가 아니라 끈기 있게 마음을 다하는 정원사다.

피트 데이비스,『전념』중에서

우리 삶은 늘 줄타기 하듯 중요한 결정들을 해야 하는 순간들에 당면합니다.
매번 순간순간 닥치는 결정의 선택들은 마치 '선택시험'을 치루고 있는 학생과도 같지요.
한없이 스크롤만 내리다 끝날 것이냐!
하나의 영화를 끝까지 몰입해서 볼 것이냐!
깊이 전념 하는 것은 반드시 우리에게 새로운 세상을 열어줄 것이고, 파고들지 않으면 얻을 수 없는 기회를 가져다 줄 것입니다.

자기주도적 삶을 위한 실천방안!
제발 전념을 다해 집중하세요.
산만하게 해서 성공할 일은 절대 없습니다.

액체근대

최근에 나는 끊임없이 쏟아지는 새로움의 홍수보다 오랫동안 알고 지낸 친구들과 함께 저녁을 먹는 화요일 밤이야말로 내가 갈망하는 삶이라는 사실을 깨달았다.

마음을 온전하게 쏟아 부을 수 있는 친구들, 나보다 더 나은 누군가를 찾았다고 나와의 관계를 끝내지 않을 친구들은 새로운 방이 줄 수 없는 행복을 내게 안겨주었다.

피트 데이비스, 『전념』 중에서

폴란드 철학자 지그문트 바우만의 설명에 따르면 현대인들은 어느 한 가지 정체성이나, 장소, 공동체에 스스로 묶어 두기를 원치 않으며 마치 액체와 같은 형태를 유지하고자 하는 '액체 근대'와도 같다고 했습니다.

여러 선택지를 열어두고 많은 것들을 선택할 수 있다는 사실은, 다양한 문화를 접하고 있는 현대인들에게는 이점이 될 수도 있을 겁니다.

하지만 늦은 밤 볼거리를 찾아 여러 SNS를 밤새 무한 탐색하다가 매번 피로감에 잠이 들게 되면 주변의 것들이 금세 흩어져 버리고 사라져 버리는 느낌으로 다가오기도 합니다.

나의 친구 하나는 폴라로이드 카메라는 들고 다니고, 내 동생은 레트로 한 로고 브랜드를 선호하며 복고풍을 즐깁니다. 과연 그들을 과거 속에 사는 사람이라 부를 수 있을까요?

액체 근대 시대에 걸맞은 유행을 따르는 듯해도, 누구나 마음 속 깊은 곳에서는 익숙한 곳에서 소소하게 사는 것에 행복을 느끼는 듯합니다.

자기주도적 삶을 위한 실천방안!

끝내 해내는 사람들의 확실한 비결.
전념하기!
이제 그 힘을 당신 것으로 만들 시간이다.

원킬방송

스토리는 원자력 에너지와 같다. 영속적인 에너지원이고 도시 하나를 가동할 만큼 큰 힘을 발휘한다. 인간의 관심을 몇 시간씩 붙잡아 놓을 수 있는 것은 스토리밖에 없다. 훌륭한 스토리에는 누구도 눈을 뗄 수 없다. 실제로 신경과학자들에 따르면 사람은 평균적으로 자기가 가진 시간의 30퍼센트 이상을 공상에 보낸다고 한다.

어떤 스토리를 직접 읽거나 듣거나 보고 있을 때만 '빼고' 말이다. 이유가 멀까? 스토리가 공상을 대시해주기 때문이다.

도널드 밀러, 『무기가 되는 스토리』 중에서

"제발 생각 좀 하고 살아!"

이 이야기가 요즘 같은 시대에 맞는 걸까요?

변화하는 이 시대는 너무 많은 생각보다 직관력에 의한 순간 판단과 즉시 실행력에 집중하는 것을 추천합니다.

모든 비즈니스의 중요한 마케팅 기법들 속에서 기존의 마케팅 기법을 내려놓고 스토리에 집중해보세요.

스토리는 우리가 수많은 정보 속 소음과 싸울 수 있고, 귀를 기울이게 만드는 최고의 정보 전달이자 무기가 될 겁니다.

자기주도적 삶을 위한 실천방안!

인생은 녹화 방송이 없습니다. 원 킬 생방송뿐.
다시 시작 할 수도 저장 할 수도 없는 생방송.
자신감을 갖고 그냥하세요!

영웅유저

노련한 작가라면 훌륭한 글의 핵심 열쇠는 '말하는 것'에 있지 않고 '말하지 않는 것'에 있음을 안다.
더 많이 잘라낼수록 더 훌륭한 시나리오, 더 훌륭한 책이 된다. 고객과 마음이 통하고 싶다면 더 이상 고객들에게 소음을 퍼붓지 말아야 한다.

도널드 밀러, 『무기가 되는 스토리』 중에서

정말 많은 사람이 수많은 마케팅 기법을 통해 성과를 내려고 도전과 노력을 합니다. 하지만 의외로 새로운 도전을 앞에 두고 설렘보다 실패에 대한 두려움을 갖습니다.
학습된 실패에 대한 두려움. 문제는 두려움을 안고 도전하게 되면 안타깝게도 실패의 확률이 높아진다는 것이죠.
성공을 위해서라면 지금까지와는 다른 전략이 필요합니다.
일반적으로 요즘 유저들은 기업의 스토리가 아닌 자신들의 스토리에 관심이 있습니다.
영웅담 속으로 고객을 초대하기! 유저들의 스토리를 우선시 하기! 관점을 바꾸면 성공이 의외로 아주 가까이에 와 있음을 느낄 수 있을 겁니다.

자기주도적 삶을 위한 실천방안!

당신 혹시, 당신 자신을 미운 오리새끼로 착각하나요?
당신은 빛나는 백조입니다.

우주감동

미련할 정도의 곧은 신념은 사람들의 마음에 공명을 일으킨다.
그럼으로써 그들이 파는 것은 단순한 제품을 넘어 '함께 하는 세상'의 비
전 이 된다.

강신장, 『오리진이 되라』 중에서

과거에는 상상조차 못하던 일들이 지금은 당연하게 여겨지는
경우가 있습니다.
그런 현실을 만들어 낸 사람들은 '혁신가'라 불립니다. 미쳤다
는 소리를 들으면서도 현재의 발전을 이루어 낸 사람들이죠.

만약 혁신적인 생각을 하고 있다면 다른 이들의 평가에 조급
해 하지 마세요. 다만 함께 꿈꿀 수 있는 사람들을 배에 태우
고, 최종 목적지까지 포기하지 않고 도착할 수 있도록 노력하
세요.

목표와 비전을 명확히 제시하고, 언제나 열정적이고 부지런
히 항해한다면, 당신은 새로운 보물선의 선장이 될 겁니다.

자기주도적 삶을 위한 실천방안!

실력으로 멋진 아이템을 만들어 내던지… 아니면 자신만의 탁
월함으로 우주를 감동 시키던지… 둘 중 하나를 하세요.

공간운명

두 가지 능력을 모두 가지면 운명이 바뀐다.
하나는 '아픔을 들여다보는 힘', 다른 하나는 '기쁨을 보태는 힘'이다.

강신장, 『오리진이 되라』 중에서

아픔이란 슬픔과 우울함, 외로움과 그리움 그리고 번거롭고 불편한 것들을 이야기합니다.
기쁨이란 아름다움, 즐거움과 재미 그리고 신나는 것들을 이야기합니다.
섬세하고 따뜻한 마음을 가진 자만이 보이는 누군가의 아픔들…. 그 불편함을 해결해주고자 하다보면 새로운 것들이 보이는 사람들….
세상이 변하고 있습니다. 우리 모두는 새로운 미래를 만들어야 합니다. 다시 말해 우리들의 운명을 바꾸어야 한다는 것이죠.
어제와 다른 우리들의 운명을 더 가치 있게 바꾸는 일.
누군가의 아픔과 기쁨의 그 공간을 사랑이란 감정을 가지고 찾아보면 어떨까요?

자기주도적 삶을 위한 실천방안!

찾아보세요. 진정한 친구로서 그들의 아픈 공간을 비울 수 있게, 그들의 기쁜 공간에 보탤 수 있게, 사랑해줄 방법이 무엇인지…

승리기록

사랑이 내게 나날이 상처를 주는 것이 아니다.
하찮은 것들로 인해 사랑이 가 버리는 게 나를 아프게 한다.

데일 카네기, 『데일카네기 인간관계론』 중에서

가장 가까운 사람에게 무례하지 않기.

진심을 담아 칭찬을 아끼지 않기.

다른 사람에게 틀렸다고 이야기하지 않기.

진심으로 그 사람이 중요한 사람이라고 느낄 수 있게 해주기.

진심으로 솔직하게 인정하고 칭찬하기.

웃으며 빛나는 일에 집중하기.

자기주도적 삶을 위한 실천방안!

세상에는 법칙들과 원리들이 비밀스럽게 존재해요.
도전 그리고 승리의 흔적들을 기록해 보세요.
새로운 법칙을 알게 됩니다.

삶의표적

화살은 궁사의 손을 떠나 표적을 향해 나아가는 그의 의도다.
의도는 완전하고 올곧고 예리하고 단호하고 정밀해야 한다.
그 의도가 운명을 향해 날아가는 동안에는 무엇으로도 막을 수 없다.

파울로 코엘료, 『아처』 중에서

살면서 수많은 선택들이 있고 그 선택들은 마치 활을 쏠 때의
표적과도 같습니다.

활을 겨냥하고 표적을 선택했다면 겸허하고 진중한 마음으로
최선을 다하세요.

충분히 훈련된 궁수처럼 직관을 키워가며 집중하여 표적을
바라보고 있는 삶.

자기주도적 삶을 위한 실천방안!
자신의 모든 지식과 경험의 총합 에너지를 가지고 그 한 점.
그 곳에 집중시키세요.

명중인생

활시위가 길다 하더라도 화살을 거는 부분은 작은 한 점일 뿐이고
따라서 궁사는 자신의 모든 지식과 경험을 그 한 점에 집중 시켜야 한다.

파울로 코엘료, 『아처』 중에서

하루에도 수많은 정보와 이야기들로 우리들은 참 많이 흔들
립니다.
우리의 삶이 꿈을 이루고 더 나은 삶을 향해 활을 쏘아 올리는
일이라면 위로 아래로, 오른쪽으로 왼쪽으로 흔들려선 원하는
그곳에 쏘고 싶은 꿈의 화살은 절대 명중할 수가 없습니다.

평정심을 유지하고 잘해왔던 날들을 떠올리며 내면의 평온을
유지하기 위한 노력을 해야 합니다.

그리고 자신감이 떨어지고 충분하지 않다는 생각이 들면
그저 언제든 또다시 반복하고 반복하면 됩니다.

명중이 눈앞입니다.

✒️ 자기주도적 삶을 위한 실천방안!

삶은 기막히게 멋진 모험이라는 사실을 잊지 마세요.

영혼항해

"내가 지금 진정 원하는 것은 무엇인가. 그리고 내가 진짜 하고자 하는 것은 무엇인가."

나는 이 질문에 다음과 같이 답할 것이다.

"내가 원하는 것은 단순히 돈, 지식이 아니다. 나로 인해 많은 이들이 소망하는 것을 얻는 것, 그리고 진정 소망하는 것을 찾게 해주는 것이다."

오두환, 『오케팅』 중에서

주변을 둘러보세요.

깨어 있는 사람들은 어떤 모습인가요?

단순히 돈만을 많이 벌기 위해,

높은 사회적 지위를 얻기 위해 뛰지 않고,

누군가에게 최대한 도움을 주려고 하는 자!

그것이 나와 그 누군가의 삶의 질을 높이는 일이고

도움을 받은 자들이 좋은 성과를 내는 결과를 통해

부를 축적해 나갈 수 있는 방법입니다.

자기주도적 삶을 위한 실천방안!

영혼을 다해 타인을 돕겠다는 마음!

그 마음으로 앞으로 나아가세요.

습관위력

습관이 계속되면 성격이 된다.
나쁜 성격을 바꾸는 유일한 방법은 좋은 습관을 습관화 하는 것뿐이다.

오두환, 『오케팅』 중에서

습관이 갖는 위력을 아시나요?

어떤 문제가 생겼을 때, 문제 파악과 문제 해결에 관한 것들이 습관화 되어 있다면 단연코 경쟁에서는 승리를 만들어 낼 수 있습니다.

원하는 바를 이루어 낼 수 있다는 확신과 믿음이 생기는 일.

좋은 습관은 성공보장입니다.

자기주도적 삶을 위한 실천방안!
내 습관들에 변화를 주며 키워보는 성공습관.
오늘부터 시작입니다.

딴짓멈춤

생산적이고 건강하고 행복한 인생을 살기 위해 우리는 무엇을 해야 하는지 이미 잘 알고 있다. 건강을 위해 좋은 음식을 먹거나, 주변 사람들과 친근한 관계를 맺거나 디지털 기기에 쓰는 시간을 줄여 자신에게 투자하거나, 우리는 방법은 잘 알고 있다.
다만 어떻게 해야 우리를 방해하는 딴 짓을 멈출 수 있을지 모를 뿐이다.

니르 이얄, 『초집중』중에서

방해받지 않고 일할 수 있는 시간의 필요함을 생각해 봐야 할 시대가 왔습니다.
수많은 정보들을 언제든 알고 싶을 때 찾아 낼 수 있는 디지털 세상.
그로 인한 SNS 무한 스크롤, 넷플릭스 정주행, 인스타그램, 카카오톡 클릭으로 어느새 늘어버린 딴 짓들.
진짜로 하고 싶은 일들을 하기 위한 시간 확보는 반드시 필요합니다.
소중한 시간들을 확보하기 위해 우리는 무엇으로 부터 멀어져야 하는지 알아내는 것이 중요한 때가 왔습니다.

자기주도적 삶을 위한 실천방안!
내가 가지고 있는 디지털 기계들을 바라보며 생각해보세요.
'이 SNS는 나를 지배하고 있는가! 나를 지원하고 있는가!'

고요자유

중용을 지켜라. 현재에 집중하라. 자신의 한계를 알라.
이게 열쇠다. 우리 각자에게 주어진 몸은 선물이다.
몸이 쓰러져 죽도록 일하지 마라. 불태우지 마라.
당신이 받은 선물을 보호하라.

라이언 홀리데이, 『스틸니스』 중에서

우리 각자에게 주어진 몸은 선물입니다.
우리 삶의 과정에 즐거움을 잃어버리면 안 됩니다.

인간은 일하는 인간이 아닌 존재하는 인간이 되어야 한다는
말을 잊지 말아야 합니다.

우리들의 삶을 자유롭게 하는 건 노동이 아닙니다.
내면의 평화와 고요를 끝까지 지켜내세요.

내가 존재한다는 감정이 인생이라는 마라톤에서 승리하게 된
다는 사실을 기억하세요.

자기주도적 삶을 위한 실천방안!

평화를 원하세요?
충분한 잠을 취하면 됩니다.

영혼소진

'인간'을 두고 일하는 인간 Human doing이 아니라
존재하는 인간 human being이라고 하는 데에는 모두 이유가 있다.

라이언 홀리데이, 『스틸니스』 중에서

언제 부턴가 '생은 되어가는 과정이다'라는 문장에 마음이 실립니다.

삶의 그 마지막이 어디가 될지는 아무도 알 수 없습니다.
그러하기에 과정의 즐거움을 잃어버린 삶은 이제 그만 해야 합니다.

인생은 마라톤에 가깝습니다.
그 긴 경주 속에 기력을 다해 지쳐버린 인간 존재로 머물지 마세요.

우리 각자에게 주어진 몸은 신의 선물입니다.

자기주도적 삶을 위한 실천방안!
인생 마라톤에서 에너지 소진시키지 않기.
기억하세요. 선수들이 부상을 입는 건 넘어져서가 아닙니다.

수면가치

평화를 원한다면 할 일은 하나뿐이다.
최고의 역량을 발휘하고 싶다면 할 일은 하나뿐이다.
충분한 잠을 취해야 한다.

라이언 홀리데이, 『스틸니스』 중에서

충분한 수면은 세상을 바라보는 힘, 꿈을 이루는 힘이 생기게
합니다.

수면은 명상이자 충전이며 고요이자 에너지 원천입니다.

당신의 노력을 이끄는 힘을 충전하는데 최선을 다 하세요.

자기주도적 삶을 위한 실천방안!

| 스위치를 내리고 지금은 자야 할 때!

PART II

가치성장 미라클 메이커

"기적은 우연히 만들어지는 것이 아닙니다.

준비된 사람이 기회를 만났을 때

비로소 기적을 만나게 됩니다."

오혜승 작가

인생의 진짜 효율이란?

"나티코, 이 일을 얼마나 효율적으로 수행하느냐는 중요하지 않다네.
이 일을 끝내고 우리가 어떻게 느끼느냐. 그 점이 중요하다네."

비욘 나티코 린데블라드, 『내가 틀릴 수도 있습니다』 중에서

내가 세운 계획과 과정을 완벽하게 수행할 때 값진 행복감을
느낄 수 있다고 생각하나요?

사실 인생은 계획대로 되거나 내 의지로 모든 것을 컨트롤 할
수 없잖아요.

어쩌면 완벽함이란 없는 삶에서 더 중요한 건 효율이 아닙니다.

함께 이 과정을 만들어내는 사람들과의 소통과 교감 그리고
실패를 인정하고 다시 도전하는 마음을 갖는 것일지도 모르
겠습니다.

자기주도적 삶을 위한 실천방안!
삶은 계획할 수 없어요.
지금 이 순간의 과정을 사랑하세요.
나의 행복이 일의 중심에 있는지 느껴보세요.

될 일은 된다!

당신이 알아야 할 때
알아야 할 것을
알게 될 것입니다.

비욘 나티코 린데블라드, 『내가 틀릴 수도 있습니다』 중에서

결국 모든 것이 순리대로 이루어질 것을 믿으며 사는 데 익숙해진다면 더 높은 차원의 자유와 지혜에 도달할 수 있을 겁니다.

과거에 묶여있는 아쉬움과 미래에 발생할지 모를 불안감을 내려두고 지금 현재의 나를 바라봅시다.

나는 지금 행복합니까?

자기주도적 삶을 위한 실천방안!

나를 위한 긍정의 확언으로 하루를 시작해봅시다.
나는 결국 잘 될 사람이며, 그 모든 과정이 순차적으로 내 앞에 펼쳐질 겁니다.
행복하게 그 순간순간을 맞이하세요.

축적 후 발산

누구에게나 지독히 운이 없을 때가 있다. 그러나 평생 운이 없는 사람은 거의 없다.

일생에 한두 번의 '운'이 온다. 그러나 그 '운'과 '기회'를 살리는 사람이 있고, 그렇지 못하는 사람이 있다.

그 차이는 무엇일까?

신수정, 『일의 격』 중에서

좋아하는 명언이 있습니다.

"준비된 자가 기회를 만나 기적을 이룬다."

태생적 재능이 부족할 수 있습니다.

하지만 노력으로 채울 수 있는 실력만 준비하고 있다면 어떤 기회도 기적으로 바꾸어 낼 수 있다고 믿습니다.

'축적'된 준비시간이 없다면 '운'은 일회성에 그치고 말 겁니다. '축적'이 '운'을 만나면 '발산'을 이루게 되는 것이죠.

모든 인생을 관통하는 진리 중 하나이지 않을까요?

🖋 자기주도적 삶을 위한 실천방안!

무엇이든 경험하세요. 무엇이든 시도하세요.
실패냐 성공이냐 중요하지 않습니다.
필요한 경험이나 쓸데없는 경험이냐도 중요하지 않습니다.
축적된 시간이 진짜 나만의 타이밍을 만나 빛나는 기적을 만들어 낼 테니까요.

보이는 것의 힘

실력이란 콘텐츠에만 있지 않다.
실력이 비슷하면 보이는 것이 성공의 차이를 결정한다.

신수정, 『일의 격』 중에서

무한경쟁의 시대라고 합니다!
누구나 노력하고 누구나 최선을 다하는 시대

콘텐츠의 차별화가 성공을 가른다고 하지만 그 노력의 성과에서 압도적인 실력을 뽐낼 수 없다면 보이는 것에 집중할 필요가 있습니다.

같은 메시지도 결국 어떤 메신저가 전달하느냐에 따라 다르게 어필 됩니다.

어떤 마인드와 태도로 전달하느냐에 따라 콘텐츠의 가치가 결정되는 것과 같습니다.

자기주도적 삶을 위한 실천방안!

매력적인 내가 됩시다. 더 아름답고 행복감을 주는 내가 됩시다.
긍정적인 마음과 이타심으로 선한 영향력을 주는 내가 됩시다.

나에게 낯선 모든 것을 섞을 용기

소비자의 머릿속에 새로운 사다리를 만들고, 그 사다리에서 첫 자리를 차지하라. 새로운 사다리를 만드는 가장 효과적인 방법은 무엇일까? 내가 찾은 답은 '믹스'였다.

안성은, 『믹스(MIX)』 중에서

사람들의 머릿속에 들도 보도 못한 사다리를 만드는 것.

전혀 어울릴 것 같지 않은 두 가지 테마가 믹스mix되면 전혀 새로운 것이 탄생합니다.

그리고 그것은 사람들에게 매력적으로 어필되고 오래오래 각인되죠.

우리가 만들어 낼 수 있는 신선한 사다리는 과연 무엇일까요?

신선하고 독창적이려면 나를 버려야 합니다.

그동안 터부시했던 문화, 방식, 부류, 가치… 지구상에는 분명 존재하는데 내 세상에는 없었던 낯설고 불편한 것들에 시선을 돌리고 관심을 가질 때입니다. 의식은 확장되고 제대로 된 믹스mix를 통해 새로움을 창조 할 수 있는 힘이 생길 테니까요.

🖋️ 자기주도적 삶을 위한 실천방안!

'이것은 옳다', '저것은 옳지 않다', '상식적이다', '상식적이지 않다' 선을 긋고 세상을 나누지 마세요. 그저 오늘 아침 새롭게 만나는 신기한 세상을 관찰하세요.
그리고 감탄하세요. "와! 세상에나 정말 멋진데!"

베짱이들의 성공시대

무엇보다 본캐만큼이나 부캐가 대접받는 세상이 됐다.
예전에는 한 우물을 깊게 파는 사람이 주목받았다. 그런데 이제는 다양한 우물을 넓게 파는 '멀티 페르소나'가 승자가 된다.

안성은, 『믹스(MIX)』 중에서

취미가 직업이 되고, 부업이 본업의 수익을 앞지를 수 있는 시대.
시대적 트렌드에 부합되는 수많은 가능성의 도구들이 우리 앞에 펼쳐져 있는 기회의 시대.
옹고집스럽게 하나의 길만 고수하기에는 다양한 세계관이 중첩된 지금, 우리는 어떤 태도로 미래를 그려 나가야 할까요?
부캐로 성공하는 사람들의 특징은 자신이 좋아하는 일을 압박감 없이 마음껏 즐기면서 최상의 성과를 만든다는 겁니다.

결국 자유롭게 놀며 느끼고 표현하는 베짱이들의 세계가 도래한 것이 아닐까요?
이 시대가 요구하는 뉴 타입의 성공모델일 겁니다.

자기주도적 삶을 위한 실천방안!

새로운 시도를 두려워하지 마세요. 과거의 경험과 지식으로 판단하지 마세요. 틀을 깨고 믹스하세요. 당신의 부캐가 춤을 출 겁니다. 너무 열심히만 하지 말고, 놀면서 하세요.

나는 왜 이 일을 하는가?

사람은 소속감을 느끼려는 욕구가 강한 나머지 이를 얻기 위해 무엇이든 하는 경향을 보인다. 특정 브랜드 열성팬들은 스스로 유대감을 형성하고 온·오프라인 커뮤니티에 제품에 대한 애정공유와 집단을 형성한다.

사이먼 시넥, 『스타트 위드 와이 (START WITH WHY)』 중에서

찐팬, 슈퍼팬, 덕후들의 시대라는 말을 들어 본 적이 있나요? 세계적인 그룹 BTS를 키운 건 그들의 열성팬 '아미'들이었습니다. 모든 기업들의 성패를 넘어 존폐를 좌지우지 하는 것은 실제 사용하는 유저들의 영향력입니다.

그들에게 충분한 공감을 얻어낸다면 그들은 어떻게 해서라도 자신의 라이프스타일에 특정 브랜드의 가치를 엮으려고 할 겁니다.

내가(혹은 내 브랜드가) 전할 신념과 가치는 무엇인가요? 그들에게 감동을 전할 수 있나요? 엄청난 영향력을 지닌 슈퍼팬 커뮤니티를 형성할 수 있나요?

이것이 이 시대가 요구하는 성공해법입니다.

자기주도적 삶을 위한 실천방안!

'무엇을' 하는지를 전달하기에 앞서 '왜' 하는지를 깊이 생각해 보세요. "나는 왜 이 일을 하는가?"
나의 신념에 열광하는 찐팬 만들기에 도전하세요.

모두의 힘

"나에게는 꿈이 있고, 그에게는 계획이 있습니다." - 마틴 루터 킹 목사 -
카리스마 의욕 넘치는 리더라도 비전을 실현하는 데 열의를 느끼는 동료가 없고 업무 절차 기반을 닦아줄 사람이 없다면 결국 실패할 수밖에 없다. 대부분의 위대한 리더 WHY유형 곁에는 그를 보며 영감을 받는 HOW유형이 있다.

사이먼 시넥, 『스타트 위드 와이 (START WITH WHY)』 중에서

홀로 빛나는 보석은 없습니다.
밝은 빛이 비춰주어야만 보석의 가치가 증명되듯 희망과 꿈을 심어주는 리더의 비전이 있다면 그것이 현실화 되도록 함께 애쓰는 동료들이 곁에 있어야 합니다.
같은 신념을 나눈 구성원들이 각자의 위치에서 역할들을 해낼 때 그 꿈은 이루어집니다.

그 과정에서 더 귀한 사람도 없고 덜 귀한 사람도 없습니다.
서로를 존중하고 인정할 때 최고의 팀워크와 성공도 이룰 수 있습니다.

✒ 자기주도적 삶을 위한 실천방안!

잊지 마세요. 모든 일에는 모두의 힘이 필요합니다.
우리 모두는 소중하고 귀한 가치 있는 존재들입니다.

성공의 비법

시간이 아닌 결과에 따라 보상 받아라.

하브 에커, 『백만장자 시크릿』 중에서

우리는 대부분 성실하게 부지런히 무엇인가를 반복하면 큰 보상이 올 거라 믿습니다.

"공부 열심히 하고 - 좋은 직장에 들어가서 - 높은 임금을 받는다."

하지만 내가 열심히 했던 그 일이 나의 사업, 나의 프로젝트가 아닌 누군가의 꿈을 실현시키는 시간으로 사용하고 있었다면 어떤 생각이 드나요?

이제 나의 시간은 나의 꿈을 실현시키는데 써야 합니다.

얼마나 오랫동안 했는지는 중요하지 않습니다.

얼마나 생생하게 목표를 꿈꾸고 얼마나 집중해서 결과를 만들어내기 위해 도전했는지 그것이 나를 성공자로 만들어 줄 비법입니다.

자기주도적 삶을 위한 실천방안!

지금 당장 나만의 프로젝트를 준비하세요. 트렌드를 공부하고 소자본으로 도전할 수 있는 프로젝트를 찾으세요. 무한한 가능성 있는 온라인과 커뮤니티 기반의 세계로 뛰어드세요.

결과를 바꾸는 방법

생각이 감정을 낳는다. 감정이 행동을 낳는다. 행동이 결과를 낳는다.

하브 에커, 『백만장자 시크릿』 중에서

무언가를 이루기 위해 도전하고 있나요?

남다른 특별한 결과를 원하고 있나요?

색다른 결과를 만들고 싶다면, 색다른 생각이 시작되어야 합니다. 하지만 우리는 태어나면서부터 이미 반복된 상황과 환경으로 인해 고착된 생각의 구조를 가지고 있는 경우가 많습니다. 누군가는 이것을 태생적 프로그래밍이라고 하죠. 이 구조에서 벗어나지 못하면 결과는 늘 같을 겁니다.

고착된 자신의 생각을 혁신적으로 바꿀 수 있는 방법은 나 스스로를 교육하는 일입니다. 바로 '독서'가 그 방법이죠. 우리는 독서를 통해 옳은 방향을 찾아낼 수 있습니다. 그리고 그 방향에 대한 자기 확신을 갖게 된다면 행동이 바뀌고 전혀 다른 차원의 결과를 얻게 될 것입니다.

자기주도적 삶을 위한 실천방안!

매일 한 장, 한 문장이라도 독서하는 습관을 시작해봅시다. 왜 이 책을 썼는지, 이 책에서 전하고자 하는 메시지는 무엇인지에 대해 저자와 무언의 대화를 나눠보세요. 생각하는 힘이 생기고 멋진 미래를 만들어 낼 수 있을 겁니다.

혁신은 어디서부터 시작되어야 하는가?

혁신은 위에서 아래로 흐르는 톱다운 방식이 더 적당한 거 같아요.
CEO는 보고만 받으면서 직원들에게 혁신하라고 지시하면 아무것도 달
라지지 않아요.

제대로 혁신하려면 CEO가 혁신 매니저가 돼 실행하고, 직원들은 개선하
는 역할을 맡아야 해요.

윤석금, 『나를 돌파하는 힘』 중에서

새로운 시대에 걸맞은 혁신적인 시스템과 비전이 필요하다고
는 하지만 누군가 흐름을 만들어내지 못하면 시작조차 할 수
없는 것이 변화입니다.
그렇다면 어디서부터 그 흐름이 시작되도록 해야 할까요?

당연히 혁신과 비전이 필요하다는 것을 아는 사람, 그것이 어
떤 의미인지 공감한 사람으로부터 시작할 겁니다.

리더란 조직에서의 위치와 상관없이 어떠한 변화가 필요한지
알고 혁신을 이끌어낼 수 있는 사람입니다.

결국 혁신은 변화 에너지가 높은 사람으로부터 그 변화에 순
응하고 따르는 사람들에게 흘러 내려가야 합니다.

특히 당신이 조직의 상위 포지션에 있다면, 그 혁신의 주체가 되기 위해 끊임없는 자기계발과 창의적 사고를 잃지 않도록 노력해야 할 겁니다.

자기주도적 삶을 위한 실천방안!

당신이 리더이거나, 리더이고 싶다면 언제든 흐름에 맞게 변화할 준비로 모든 정보와 의견에 귀울이도록 하세요.
고착된 자신의 생각을 뛰어넘는 유연한 팀원의 아이디어가 순간의 운명을 가르는 방향을 제시할 수도 있으니까요.

일상의 안전벨트

일과 삶의 조화가 필요합니다. 일을 몰아서 하고 나 자신만의 시간을 가
져야 한다는 말이에요. 휴식의 시간이 없다는 것은 일의 배분을 잘하지 못
하고 있다는 방증입니다. 리더는 시간을 효율적으로 쓸 줄 알아야 해요.
일하면서 놀 생각하고, 놀면서 일 생각하는 것은 어리석어요.
자신만의 휴식 시간, 자신의 내면을 채우는 휴식 방법을 찾아야 합니다.

윤석금, 『나를 돌파하는 힘』 중에서

때로는 눈코 뜰 새 없이 열심히 살고 있는 나의 모습에 자부심이
느껴지기도 합니다. 하지만 문득 내 삶의 기록에 '내가 남는 것인
가?', '일이 남는 것인가?' 누가 주인공인지 헷갈릴 때도 있죠.

> "누구나 열심히 살지만, 무엇을 위해 열심히 사는지 아는 게
> 더 중요합니다."
>   - 낭만닥터 김사부 대사 중

나만을 위한 휴식법이 있나요? 내면을 단단하게 하는 시간은
자신을 일상에 휩쓸려가지 않도록 지켜내는 안전벨트라 할
수 있을 겁니다.

🖋 자기주도적 삶을 위한 실천방안!

나만의 휴식 방법이 어떤 것이 있는지 생각해봅시다. 어떤 시간이
나에게 가장 큰 행복과 여유를 주는지… 여행이라면 꼭 떠날 수 있
는 일정과 환경을 미리 준비해두는 것도 중요해요. 소중하게 생각하
는 것에 대해 타인과 소통할 수 있는 모임을 가져보면 좋겠습니다.

언어 에너지

내가 뱉은 말이 나를 만든다. 흠결 없는 언어가 매우 중요한 이유는 당신의 언어가 바로 메신저인 당신 자신이기 때문이다. 그 언어는 당신이 전하고자 하는 메시지의 전부다. 그 메시지는 다른 사람이나 주변의 누구도 아닌 당신 자신에게 전해진다.

당신의 메시지가 당신 자신에게로 향한다는 말은 사실이다.

돈 미겔 루이스 외, 『이 진리가 당신에게 닿기를』 중에서

내가 한 말을 제일 많이 듣는 사람은 바로 '나' 자신입니다.

말은 모든 정보를 담고 있는 상징이며 에너지입니다. 특히 소리를 내어 하는 육성 정보는 더 큰 파장의 에너지를 갖고 있습니다. 결국 내가 보낸 말의 영향을 가장 많이 받는 사람은 바로 '나'라는 것이죠.

사랑과 용서의 에너지(말)를 상대에게 보냈는지, 미움과 원망의 에너지(말)를 상대에게 보냈는지에 따라 자신에게 미칠 영향은 다를 것입니다.

내가 뱉은 말이 자신을 더 나은 곳으로 데려다줄 수 있도록 지금부터 흠결 없는 언어로 생활해보는 건 어떨까요?

자기주도적 삶을 위한 실천방안!

자기 자신에게 끊임없이 사랑의 언어로 존중해주세요.
나를 위한 긍정확언으로 하루를 시작해보면 어떨까요?

나는 우주에서 가장 고귀한 존재입니다

당신은 삶을 누리기 위해 세상에 존재한다. 당신은 삶의 풍진을 견디기 위해, 혹은 사소한 욕구들을 충족하기 위해 세상에 존재하는 것이 아니다. 그것들은 당신의 존재와 관련이 없으며 당신의 삶에 필요하지도 않다. 당신은 꿈꾸는 사람이 되기 위해, 예술가가 되기 위해, 지혜로운 자가 되기 위해 이곳에 있다.

돈 미겔 루이스 외, 『이 진리가 당신에게 닿기를』 중에서

'나는 어떤 존재인가?' '나의 존재가치는 무엇일까?'
철학적 질문을 자신에게 던져본 적 있나요?
우리는 고난 가득한 경험들을 견딜 때, 나라는 존재가 성장하고 성공할 거라는 믿음을 가지고 있습니다. 그런데 어쩌면 이러한 삶을 계속 살게 하려는 누군가의 의도일지도 모른다는 생각이 듭니다.
우리는 삶 자체를 즐기며 행복을 추구하는 존재로 태어난 것이 맞지 않을까요?
언제나 새로움을 꿈꾸고, 세상을 창조하는 예술가가 되고
삶의 방향을 제대로 알고 있는 지혜로운 자가 되어가는 과정.
우리는 그렇게 고귀한 존재가 됩니다.

자기주도적 삶을 위한 실천방안!
때로는 자신에게 어디를 향해 가고 있는지 진지하게 질문을 던질 필요가 있어요. 그 대답을 찾는 과정이 우리들의 삶이 될 테니까요.

가치 마케터

브랜딩은 결국 차별화다. 가치로 차별화하는 것이 곧 브랜딩이다.
당신 또는 당신이 일하는 회사가 지향하는 가치는 무엇인가?
그것을 소비자들에게 어떻게 전달하고 있는가?
여기에 성공하는 회사들이 우리가 알고 있는 진짜 브랜드들이다.

레드펭귄, 『브랜드 마케터로 일하고 있습니다』 중에서

진짜 자신만의 브랜드를 갖고 싶나요?
파워 브랜드를 통해 성공하고 싶나요?
그렇다면 중요하게 생각하는 신념이 무엇인지 생각해보세요.
아무리 멋진 제품, 서비스, 시스템, 타이밍이 준비되어 있다
하더라도 진정한 핵심가치에 대한 고찰과 사람들에게 전달될
메시지가 없다면 결국 연기처럼 사라질 신기루 같은 일이 될
테니까요.
무엇보다 중요한 것은 내가 이 일을 왜 하느냐 입니다.

가치를 팔고 가치에 동의를 받는 일,
이것이 진짜 마케팅의 핵심입니다.

자기주도적 삶을 위한 실천방안!
나의 WHY를 명확히 설정하세요.
어떤 가치에 가슴 뛰고 있는지 의식해보세요.

드라마 성공공식

역사는 기록으로 인정받는다. 우리가 쓰는 작은 기록이 모두 역사가 된다. 매력적인 이야기의 공식은 의외로 단순하다. 당신이 지금 어려움에 처해 있다면 그보다 좋을 수 없다. 단 치열하게 해법을 찾아가는 과정이 뒤따라야 한다.

레드펭귄, 『브랜드 마케터로 일하고 있습니다』 중에서

우리는 때때로 온갖 고난과 역경을 이겨내며 성장하는 이야기를 볼 때, 드라마라고 표현합니다. 그래서 드라마란 고난과 역경으로 점철된 최고의 이야기이지 않나요?

브랜딩이란 하나의 가치 있는 브랜드라는 생명체가 고난과 역경을 이겨내며 만들어가는 역사의 기록일 겁니다.

사람들은 이 스토리가 흥미진진하면 할수록 관심을 갖고 그 성장과정에 동참하고자 합니다. 그리고 오랫동안 기억하게 되는 것이죠. 바로 이것이 브랜드의 성공 스토리가 아닐까요?

지금 비즈니스가 위험에 처해졌다면 기뻐하세요!

절호의 스토리를 만들 수 있는 기회니까요!

자기주도적 삶을 위한 실천방안!

내 앞의 모든 일은 해석에 따라 전혀 다른 그림이 됩니다.
고난과 역경은 당신에게 꼭 필요한 성공테마이죠!
성공 드라마의 빛나는 주인공이 될 기회!
이렇게 외쳐봅니다! "감사합니다! 나에게 이런 기회를 주셔서."

진짜 화룡점정의 순간은?

'거의'라는 말이 좋다. 목적지에 도달하면 기쁨도 즐거움도 느끼지 못한다. '거의' 다 왔어. 지루한 기차 안에서 영등포역을 지날 때가 제일 즐겁고 기대감이 컸던 기억. 완성 직전. 화룡점정의 점 하나 찍기 직전의 기쁨과 짜릿함. 그 비어 있는 마지막 공간이 있을 때, 삶은 새벽별처럼 빛난다.

이어령, 『눈물 한 방울』 중에서

우리는 목표를 세우고 '그 목표에 도달했다, 실패했다'라고 평가합니다.

왜 78.9% 성공… 이라는 말은 없을까요?
왜 100%만이 성공이라고 할까요?

우리 삶은 과정일 뿐입니다. 결국 완성했을 때보다 완성을 향해 되어가는 과정에서 더 많은 기쁨과 희열을 느끼니까요.

성공과 실패를 논하기 전에 도전 자체는 이미 성공에 가까워지는 절반 이상의 성공입니다.

✒️ 자기주도적 삶을 위한 실천방안!

실패를 두려워하지 마세요. 오히려 도전하지 않는 삶을 두려워해야 합니다. 무엇이든 시도해보기! 도전은 늘 남는 장사니까요.

내가 놓치고 있는 것들

젊은이 뛰지 마. 넘어져. 나는 괜찮아. 무전취식하고 도망가던 젊은이를
향해서 소리친 가락국수 식당 할머니의 말

이어령,『눈물 한 방울』중에서

혜승아 괜찮아. 네가 가고자 하는 길을 가. 나는 괜찮아.

인생을 살면서 챙길 것이 많아지고, 고려해야 하는 것이 많아
져서 지레짐작 가고 싶은 길을 두고 돌아가고 있지 않나요?

아무도 뭐라고 하는 사람도 없고 사실 별 딴지 걸고 싶지도
않는데, 나만 혼자 상상하고 걱정하고 결정을 내려버리곤 하
지 않나 돌아보게 됩니다.

내가 한 실수, 내가 한 잘못 누군가는 이해하고 공감해 줄 수
있는 아주 작은 순간일지 모릅니다.
지금 중요한 건 나 자신, 나다운 행동과 방향입니다.

자기주도적 삶을 위한 실천방안!

타인의 평가를 미리 고민하지 말아요. 어쩌면 내가 생각했던 것
보다 훨씬 나를 아끼고 응원하고 있을지도 몰라요.
나를 믿고 내가 가는 방향이 옳다는 확신을 갖도록 노력해보세요.

슈퍼우먼을 꿈꾸는 세상의 모든 엄마들에게

많은 사람이 아이들을 전문가에게 맡기고서 자신에게 투자하는 걸 부담스러워하며 남는 돈이 별로 없으니 아이들이 어느 정도 성장하면 시작하겠다고 다짐한다.

하지만 이는 곧 경력 단절로 이어져 자신감을 상실하면서 나중에 시작하는 것조차 두려워하게 된다.

만약 당신이 두 마리 토끼를 모두 잡고 싶다면 자신에 대한 투자를 늘려야 한다.

이 기간의 지출은 투자라는 개념을 확실하게 가져야 두 마리 토끼를 잡을 수 있다.

켈리 최, 『웰씽킹』 중에서

성공하고 싶다는 사람들을 만나면 이런 질문을 던지곤 합니다.
"비즈니스 하고 싶으세요?, 장사하고 싶으세요?"

"비즈니스가 엄연히 따지면 장사고 이게 바로 경제활동이지, 무슨 질문이 그러냐?"라고 할지 모르겠지만, 이 두 단어의 결단과 목표는 확연히 달라질 수 있습니다.

'즉각적인 소득을 위해서는 장사를, 지속적인 소득을 위해서는 비즈니스를 하라!'라는 말이 있습니다.

세상에 많은 엄마들이 본인의 인생을 빛나게 만들기를 바라며, 성공한 엄마, 능력 있는 엄마, 잘나가는 엄마 등을 꿈꿉니다.

하지만 현실은 그 이상에 따라주지 않으니 늘 본인의 인생은 뒷전이 될 뿐입니다.

자 이제 경제적 독립과 더불어 오래오래 능력 있는 엄마가 되고 싶다면, 비즈니스를 하세요!
사회에 공헌할 모습을 상상하며 당장의 자신에게 투자해보는 겁니다.

📌 자기주도적 삶을 위한 실천방안!

현실에 주저앉지 마세요.
나를 위한 투자가 앞으로의 가족의 인생도 달라지게 할 수 있다고 믿어보세요.
결국 엄마가 행복한 미래를 꿈꿔야 가정도 행복해 질 수 있답니다.
스스로를 사랑하고 아낌없이 투자하세요!

부를 창조하는 생각의 뿌리

내가 언제부터 성공하기 시작했는지 반추해보다가 문득 이런 깨달음을 얻었다. 나를 위해서 성공하려고 할 때는 그렇게 성공에서 멀어지는 것 같더니, '우리'를 생각하게 된 다음부터는 성공이 연이어 다가왔다는 사실 말이다.

켈리 최, 『웰씽킹』 중에서

1인 기업가의 시대라고 하지만, 이제 혼자서는 성공할 수 없는 시대이기도 합니다.

모든 비즈니스는 매력적인 테마를 중심으로 사람이 모이고 커뮤니티를 형성합니다. 그 거대한 커뮤니티의 힘으로 새로운 경제규모가 형성되는 새로운 시대라고 할 수 있을 겁니다. 그렇다면 어떤 문화와 가치가 중심이 되어야 가장 많은 사람들의 동의를 얻어 거대한 커뮤니티를 형성할 수 있을까요?

그것은 바로 어느 한 개인의 성공이나 이득이 아닌 우리 모두를 이롭게 하는 '사회 공헌의 마인드'라 할 수 있습니다.

사람을 귀하게 여기고 사람 중심의 경영과 철학, 이 정신이 바탕에 있을 때 커뮤니티는 커지고 강력한 힘이 생기며 세상을 바꿀 에너지를 갖게 됩니다.

자기주도적 삶을 위한 실천방안!

성공하고 싶다면 "무엇을 해서 성공하지?"보다는 "내가 무엇을 통해 기여할 수 있을까?"로 질문을 바꿔보세요.

나를 위한 사랑 작업

진정한 내면의 성장을 위해서 시작해야 하는 일은 '내가 나의 부모가 되어 살아가겠다고 결심하는 것'입니다.
나를 부모의 시선으로 본다는 것은 심판관 같은 냉정한 부모의 눈, 아이의 말을 전부 사실이라 믿어버리는 철없는 부모의 눈으로 보는 것이 아니고, 내 아이가 존재만으로 온전함을 알기에 지금 잠시 요동치는 아이의 마음을 판단 없이 공감하며 함께 경험해줄 수 있는 부모의 눈으로 보는 거랍니다.

김설아, 『하루의 사랑작업』 중에서

아이가 좀 더 자존감 높고 정서적으로 균형 잡히기를 원했습니다.
그래서 수많은 육아 지침서들이 요구했던 '아이 감정에 공감해주기'와 아이 스스로 답을 찾을 때까지 '믿어주고 지켜보기'를 열심히 실천했던 부모였습니다.

하지만 문득 '과연 누가 그런 시선과 마음으로 나를 지켜봐준 적이 있었을까'라는 생각이 드는 순간 씁쓸함과 결핍감이 밀려왔습니다.
하지만 결국 나를 아끼고 성장시키는 존재는 나여야 한다고 생각합니다.

나에게 부모가 된 마음으로 끝없는 지지와 응원 그리고 한없는 사랑의 메시지를 보내본다면, 내 아이가 그러하듯 나라는 아이도 하루하루 자신을 지켜내며 성장 할 수 있지 않을까요?

내가 나를 키워내는 과정 절대 놓치지 말아야 할 나를 위한 사랑 작업일 겁니다.

자기주도적 삶을 위한 실천방안!

매일 아침 내 아이에게 하듯 나에게도 따뜻한 미소와 응원의 말을 건네 보세요.
"너의 모든 것을 사랑해 그리고 믿어!"
나를 온전히 사랑할 수 있는 존재는 나 자신이니까요!

관심의 0순위는?

내게 어떤 걸 느끼는 걸 좋아하는지 나에게 물어본 적이 있으신가요?
너는 뭘 볼 때 기분이 좋아? 너는 어떤 걸 들을 때 기분이 좋아?
어떤 향기를 맡을 때 기분이 좋아? 어떤 촉감을 좋아해? 어떤 맛을 좋아해?

김설아, 『하루의 사랑작업』 중에서

끊임없이 목표를 정하고 최선을 다해 달려가는 사람에게 잠시 발길을 멈추고 자신을 돌아보게 한다는 건 사치처럼 느껴질 수 있습니다.

하지만 결국 달려서 목표에 도달한 것도 '나'이고 가다가 엎어질 것도 '나'인데, '나'를 뺀 존재가 주인공이 될 수 있을까요?

'나' 자신이 관심의 0순위가 되어야 합니다. 도대체 '나'라는 존재는 무엇을 사랑하고 무엇으로부터 행복감을 갖는지…

'나'를 중심에 두고 관심을 기울일 때, 내가 정한 꿈과 목표는 이룰만한 이유와 에너지가 생깁니다.

나를 잃고 하염없이 뛰고만 있지는 않나요?

관심의 0순위를 나에게 둘 때, 길을 잃지 않습니다!

자기주도적 삶을 위한 실천방안!

내 자식의 취향, 내 부모의 취향, 내 친구의 취향은 그리 줄줄 꿰고 있으면서 정작 자신의 취향조차 명쾌하게 답할 수 없다면… 모든 관심을 나로부터 시작해보면 어떨까요? 내가 행복하고 내가 만족하고 내가 신날 때 내 주변의 모든 것들이 행복해질 테니까요.

인생의 완급조절이 필요한 이유

충분한 능력을 갖추되 적당히 보여줘라. 횃불이 밝으면 밝을수록 그만큼 기름이 소모되고, 횃불이 꺼질 시간이 다가온다.

발타자르 그라시안, 『사람을 얻는 지혜』 중에서

자신의 역량을 펼칠 기회를 만났을 때 준비되지 못해 시도조차 할 수 없는 것만큼 안타까운 장면도 없을 겁니다.

반대로 많은 것을 갖추었으나 소모적인 일들에 치여 진짜 만들어냈어야 할 건설적인 성과를 놓친다면, 이 실망감을 어떻게 표현할 수 있을까요?

준비된 자가 기회를 만나 기적을 이룰 수 있지만 준비된 자가 기회를 어떻게 선택하는가에 따라 기적의 결과는 달라진다는 사실을 잊지 말아야 합니다.

자기주도적 삶을 위한 실천방안!

지금 하고 있는 그 일이 본인의 역량을 최대치로 발휘할 만큼 중요한 일인가요?
아니면 누구나 할 수 있는 일에 몰입하여 시간을 소모하고 있나요? 진짜 기회를 만났을 때 열정의 횃불이 꺼져 있지 않도록 완급조절을 해야 합니다.

완전한 소유, 완전한 존중

우리는 어느 누구도 완전히 소유하지 못한다.
혈연이나 우정 같은 가장 친밀한 인간관계뿐만 아니라, 직업적으로나 사회적으로 상당한 의무를 떠안은 관계에서도 서로를 완전히 소유하거나 소유될 수는 없다. 완전한 신뢰와 완전한 소유는 다르기 때문이다.

발타자르 그라시안, 『사람을 얻는 지혜』 중에서

사람과 사람의 관계에서 서로를 완벽하게 소유할 수는 없습니다. 하지만 우리는 늘 이 부분을 간과하며 영원히 지속 될 관계인양 서로에게 본인의 욕구를 요구하고 요구당하며 삽니다.
세상 어떠한 관계도 심지어 부부관계, 부모자식 관계조차 신뢰를 유지하지 못하면 영원히 지속가능한 관계란 없습니다.
가까운 관계일수록 더 소중한 관계일수록 신뢰를 잃지 않기 위해 끊임없이 긴장하고 배려해야 하는 것이죠.
마치 영원히 만나지 않는 평행선처럼 너무 멀지도 가깝지도 않은 관계, 서로를 바라보고 존중하며 사랑하고 지지하지만 개입하지 않는 관계, 서로의 존재 자체에 감사함을 갖는 관계, 이것이 바로 진짜 사람을 얻는 지혜이지 않을까요?

자기주도적 삶을 위한 실천방안!

당신 앞에 있는 그 사람이 영원히 잃고 싶지 않은 소중한 존재라면, 함부로 다가가서 달아나게 하지 마세요. 상대방의 세계를 존중하고 애정 어린 눈길로 기다려주세요. 쌓이는 애정과 신뢰만큼 더 견고하고 튼튼한 관계를 선물 받게 될 거예요.

나만의 렌즈로 세상보기

유전적으로 동일한 세포들의 운명을 통제하는 건 무엇일까? 환경이 바로 세포들의 유전적 활동을 선택하고 있었던 것이다. 마음은 환경을 읽고 환경에 대해 해석을 하며, 뇌는 그 해석을 혈액의 화학적 성질로 번역해 내는 것이다. 생각을 바꾸면 나는 곧 내 화학적 성질을 바꾸고 있는 것이다.

켈리 누넌 고어스, 『HEAL 치유』 중에서

마음이 모든 것이다. 우리는 우리가 생각한 대로 된다. - 붓다

역사적 모든 철학서, 종교서적, 영적 지도자 등등 소위 진리를 전하는 메시지의 공통주제는 마음의 힘이며, 믿음의 힘이었습니다. 과학적으로 밝혀진 사실은 우리 몸이라는 조직은 하나의 세포로부터 시작되었고 그 세포들의 모양과 쓰임새는 세포를 싸고 있는 환경과 그 환경을 우리가 어떻게 해석해서 뇌의 신호체계에 연결했는지에 따라 조직형성의 수준을 달리한다는 겁니다.

우리가 어떤 생각을 가지고 세상(환경)을 보고 해석(느끼는지)하는지에 따라 우리의 몸과 주변 환경은 달라진다는 겁니다.

자기주도적 삶을 위한 실천방안!

당신은 어떤 렌즈로 세상을 해석하고 계신가요? 본인의 생각이 아닌 외부로부터 온 부정적 관념의 렌즈로 타인의 삶을 살고 있는 건 아닐까요? 지금부터 나만의 렌즈를 찾아보세요. 분명 당신이 찾은 당신만의 렌즈를 통해 전혀 다른 경험을 하게 될 겁니다.

스트레스 제로 포인트

일 년 중 아무것도 할 수 없는 날이 딱 이틀 있다.
하나는 어제이고, 하나는 내일이다.
오늘이 바로 사랑하고, 믿고, 행하고, 무엇보다도 '살아갈' 바로 그날이다.

켈리 누넌 고어스, 『HEAL 치유』 중에서

사람들의 스트레스 유발 감정을 살펴보면 대부분 과거에 관한 후회와 분노 또는 미래에 대한 막연한 두려움과 공포로 정리된다고 합니다.

우리가 현재 하고 있는 고민의 대부분은 아직 일어나지 않는 일들에 대한 것이라고 하지 않던가요.

우리의 건강을 좌지우지하는 매우 중요한 지표는 스트레스 지수입니다.
어떠한 건강 문제에도 스트레스 지수로부터 자유로운 질병은 없다는 것이죠.

결국 건강을 지켜내고 회복하기 위해서는 스트레스를 줄이고 스트레스로 인해 누적된 정신과 몸의 피로감을 정화시키고 삭제시키는 데 달려 있습니다.

우리가 할 수 있는 최고의 스트레스 관리 방법은 바로 현재를 의식하고 현재를 온전히 살아내는 겁니다.

현재에 머물러 있는 나를 과거나 미래로 자꾸 떠나보내지 마세요!

자기주도적 삶을 위한 실천방안!

어찌할 수 없는 일에 매달려 자신의 에너지를 소진하고 있지는 않나요?

열정과 에너지를 쏟을 가치 있는 일은 바로 당신 눈앞에 있는 그것입니다.

자신을 믿고 신나고 설레는 마음으로 도전해봅시다!

'온전히 오늘에 집중할 때, 과연 나는 어떤 일들을 이루어내게 될까' 기대해보면서요!

당신은 어떤 집단의 평균인가?

당신이 원하는 모습을 만들어주는 환경을 설계하라.

당신이 속한 집단에서 평균이 돼라.

투지가 분명히 개인적인 특성이지만, 높은 실행력을 요구하는 집단에 들어가면 투지를 더 쉽게 발전시키고 활용할 수 있다.

진정한 친구란 미래의 나를 더 훌륭하게 만들어주는 사람이다.

벤저민 하디,『퓨처셀프』중에서

"가장 많은 시간을 함께 보내는 사람 다섯 명의 평균 모습이 바로 당신이다."

- 짐 론 jim rohn

당신은 평균을 올리는 사람인가요? 깎아먹는 사람인가요?

어린 시절부터 부모님께 늘 들어왔던 조언은 '좋은 친구'를 사귀어야 한다는 겁니다.

단순히 공부를 잘하는 모범생을 넘어 예의 바르고 정직하며 친구를 소중히 여기는 바른 인성의 친구들과 함께해야 더 훌륭한 사람이 된다는 조언이 지금까지도 깊게 뿌리 박혀있는 나의 기준이 되었습니다.

그 기준에 맞게 인연을 만나고 싶고 시간을 보내고 싶다면 가장 쉬운 방법은 내가 그러한 사람이 되는 것이었고, 결국 나의 모습이 내 주변의 인물들의 평균값이라는 것이 맞는 이론이었음을 인정하게 되었습니다.

무시무시한 질문이었지만, 평균을 올리는 사람이 될지 깎아먹는 사람이 될지는 내가 선택하는 것이며, 나를 어떠한 사람들과(커뮤니티에) 연결하여 나를 더욱 발전적 영향권에 놓이게 할지도 내가 선택할 수 있는 겁니다.

자기주도적 삶을 위한 실천방안!
당신의 인간관계는 내가 먼저 그들에게 도움이 되는지부터 시작합니다.
모든 관계는 거기서 출발해 구축해야 하며, 그 안에서 평균 이상이 돼야 합니다.

감사의 힘

원하는 것이 이미 당신의 것이라는 사실을 알면 그것을 몰랐을 때와는 다르게 행동한다.
당신이 원하는 바가 이미 당신의 것이라는 사실을 알아야 한다.
그 사실을 마음 깊이 받아들여라.
그리고 평화가 정신에 깃들 때까지 기다려라.
평화와 미소를 느껴보고 미래의 모습에 대해 진정한 감사를 표하라.
감사는 무언가를 받기 위해 사용할 수 있는 강력한 감정이다.

벤저민 하디, 『퓨처셀프』 중에서

보통 우리는 무언가를 받은 다음에 감사함을 느낍니다.
감사라는 감정에 이미 감사한 일이 일어났다는 신호(정보)가 들어있다고 하죠.

그래서 그 감정을 느낀다면 궁극적으로 이미 받은 상태로 우리의 잠재의식이 판단하며 같은 현실이 일어나는 가능성의 장이 열리게 되는 겁니다.

"사람은 자신이 원하는 것을 끌어당기는 게 아니라
이미 자신의 모습이라고 생각하는 것을 끌어당긴다."

- 작가 제임스 알렌

우리가 진정 원하는 것이 무엇인지, 그것을 통해 무엇을 이루고 싶은지, 이루고자 하는 목표나 목적이 나 뿐 아니라 많은 사람들에게 이로운 일인지, 생생하게 그려보고 느끼고 감사함을 표현해야 합니다.

그것이 나를 그곳에 있게 하는 가장 강력한 방법임을 잊지 마세요.

자기주도적 삶을 위한 실천방안!

이루고 싶은 것을 꿈꿀 수 있음에 감사하고
그것을 이룰 수 있는 내가 있음에 감사하기!

집착이라는 선물

누가 집착을 병이나, 문제, 일탈 행위라는 식으로 치부하면 이렇게 말하라.
"전혀 힘들지 않아. 집착은 내 재능이야."

그랜트 카돈, 『집착의 법칙』 중에서

> 집착 : 어떤 것에 늘 마음이 쏠려 잊지 못하고 매달림
> - 네이버 국어사전 발췌

집착이라는 단어는 부정적인 의미로 쓰이곤 합니다.

특히 집착을 유발하는 감정은 매우 낮은 자존감을 어떤 대상으로 하여금 채우려는 마음이라고 해서 일종의 '마음의 병' 이라고까지 언급됩니다. 하지만, 모든 의미는 어떻게 해석하고 활용하느냐에 따라 달라지기도 하기에, 우리가 꿈꾸고 반드시 이루고자 하는 목표가 있다면 집착은 꼭 필요한 삶의 태도라 할 수 있을 겁니다. 적당히 평균을 추구하고 자신의 능력에 한계를 정하고, 스스로에게 만족이라는 선물을 헤프게 주고 있지는 않은가요? 역사적 성공자들은 스스로에게 만족을 선물하지 않고 그들 앞에 놓인 목표에 집착하여 포기하지 않고 끝까지 해냈음을 기억하셨으면 합니다.

🖋 자기주도적 삶을 위한 실천방안!

자 선택하세요! 당신 앞에는 빨간 캡슐과 파란 캡슐이 있습니다.
'적당히 만족'이라는 캡슐과 '내 목표에 집착'이라는 캡슐, 어떤 선택이 더 행복하고 더 빛나게 해줄 것인지 답은 당신만이 알 수 있습니다.

안티팬 보유자입니까?

내 인생에 비난자가 없었다면 오늘의 나도 없었을 것이다.
그들 모두가 내 성공에 기여했다.

그랜트 카돈, 『집착의 법칙』 중에서

당신에게 안티팬이 있나요?

없다면 그리 유명하지 않거나 위협적인 영향력을 갖추지 못한 겁니다.

비난자는 사실상 나의 최고의 조력자라고 하지 않던가요?

비난자의 직설적인 부정 언어와 행위들은 사실 그리 중요하지 않습니다.

내가 그 언어와 행위를 어떻게 인식하고 어떻게 연결할 것인가가 더 중요하죠.

그들의 언행에 동조하여 흥분하고 논쟁하는 대신 좀 더 나은 방향으로 가고자 하는 나의 태도만 준비되어 있다면, 비난자는 나를 더 성장할 수 있도록 자극하고 내 삶의 방향이 올바르게 가고 있음을 역설해주기도 합니다.

주변에 나를 홍보해주기도 하고, 신선한 아이디어를 제공해주기도 합니다.

안티팬은 나를 일으키는 힘이라고나 할까요?

그렇다면 이 지점에서 나의 태도가 성공의 갈림길을 결정한다는 것을 눈치챘나요?
이 세상은 그들이 아니라 내가 중심이 되어 보고 느끼는 것이 답이기 때문입니다.

✒ 자기주도적 삶을 위한 실천방안!

주변에서 나를 자극하고 괴롭히는 말과 사람들이 있나요?
그들은 당신의 삶에 그리 중요한 등장인물이 아닙니다.
과감히 그들을 향해 외쳐 보세요!
"반사!"

의심 VS 확신

사람들은 의심할 때의 불편함보다는 확신할 때의 편안함을 더 좋아한다. 지금도 여전히 윈도95를 쓰는 사람을 보고 비웃으면서도 1995년에 형성되었던 자신의 견해는 여전히 붙잡고 놓지 않는다.

애덤 그랜트, 『싱크 어게인』 중에서

"전통인가? 해묵은 답습인가?"
"지조인가? 외골수 똥고집인가?"
"과연 지켜야할 것이 무엇이고 혁신해야 할 것은 무엇인가?"
인생 고비마다 스스로에게 이러한 질문을 해보곤 합니다.
오랫동안 고착화된 나의 관념과 자동화된 생각 시스템을 새로운 시대에 걸맞게 개선해야 할 테지만, 도전적인 마음과 달리 도돌이표처럼 제자리로 돌아오는 나를 발견할 때가 많습니다.

확신이라는 마음의 견고함이 때로는 새로운 아이디어와 관점을 받아들이지 못하게 하는 건 아닌지, 기본의 운용시스템을 붕괴시키는 것이 불편해서 확신이라는 포장으로 버티고 있는 건 아닌지…
매번 나를 의심합니다.

자기를 부정하고 변화하는 과정이야말로 성장을 넘어 성공으로 가는 가장 지혜로운 방법임을 잊지 마세요.

그것이 가장 용기 있는 행동임을 잊지 마세요.

자기주도적 삶을 위한 실천방안!

하던 일이 뜻대로 되지 않고 뭔가 탈출구가 필요한가요?
그렇다면 지금부터 의심이 시작되어야 합니다.
과감히 처음부터 다시 시작해보는 용기가 필요합니다.
당신이 잊지 말아야 할 신념만 잃지 않는다면 어떠한 방식으로
마음을 바꿔도 절대 본질은 바뀌지 않는 법이니까요!
변화를 두려워마세요!

칼끝 관념

인간은 누구나 더 나아지길 바라며 우월성을 추구하지.
하지만 거기에 도달하지 못하면 내가 뭔가 모자라다고 느끼게 돼.
그리고 일종의 열등감을 안게 되지.
아들러는 "우월성 추구도 열등감도 병이 아니라 건강하고 정상적인 노력과 성장을 하기 위한 자극이다"라고 말했다네.
열등감도 제대로만 발현하면 노력과 성장의 촉진제가 되는 거지.

기시미 이치로, 고가 후미타케, 『미움받을 용기』 중에서

'긍정의 단어'와 '부정의 단어'
이 두 가지 단어를 구분하는 기준은 정말 존재할까요?
어디서부터 어디까지가 긍정의 뜻이며 어디서부터 어디까지가 부정의 뜻인지 명확한 기준을 가지고 있는 사람이 있을까요?

오랫동안 가지고 있던 관념이 칼끝에 서있습니다.
0.0001% 한쪽으로 치우치면 그 순간 나의 관념적 단어는 부정의 효력을 발휘합니다.

* 열등감: 다른 사람에 비하여 자기는 뒤떨어졌다거나 자기에게는 능력이 없다고 생각하는 만성적인 감정 또는 의식

하지만 다시 0.0001% 반대로 치우치는 순간
나의 관념적 단어인 열등감은 '노력과 성장의 촉진제'가 됩
니다.

어느 쪽에 무게 추를 설정해 둘 건가요?
어떤 관념을 보유할 건가요?

🖋 자기주도적 삶을 위한 실천방안!

무엇을 선택해도 당신이 옳습니다.
칼끝에 선 당신의 관념의 무게 추를 의식하세요.

· · · ·
본전의식

독서는 읽기만 하는 데서 끝나지 않고 쓰기까지 이어질 때 비로소 완성
된다.
책을 다 읽고 난 다음 자신이 느낀 점을 바탕으로 독서일기나 에세이를
써보는 것이다.
쓰기를 목적으로 책을 읽는 사람과 그냥 읽는 사람은 출발부터 다르다.
쓰기라는 목적을 가진 사람은, 한 문장도 허투루 보지 않는다.
낯선 개념도 그냥 넘어가지 않는다.

유영만, 박용후, 『언어를 디자인하라』 중에서

많은 성공학 책을 읽어보면 공통적으로 나오는 성공요건이
있습니다.
바로 '독서'입니다.
독서가 성공의 가능성을 높여준다니, 너도 나도 독서활동과
독서 챌린지에 동참합니다.
듣기에도 희망적인 자기계발과 자기성장을 이루어주는 마법
의 시간

자 여기서 의심이 듭니다. 누구나 독서를 한다고 성공하는 것
은 아닐 텐데…
"같은 독서라는 행위 안에서 진짜 성공 여부를 결정짓는 비밀
은 뭘까요?"

표현이 우습지만 저는 '본전의식'이라고 생각합니다.

독서활동을 통해 '무엇을 얻을 것인가', '무엇을 남길 것인가' 내 귀한 시간의 가치를 높이고자 그 어떤 메시지를 추적하는 태도는 결국 '나에게 이득', 즉 본전을 찾게 하고 나아가 방대한 정보 속에서도 보석 같은 성공좌표를 찾아내는 탐지능력을 부여 받게 될 겁니다.

'왜 이 글을 읽고 있는지', 그래서 '무엇을 얻어야 하는지'에 대한 의식이 있는 독서 행위는 성공을 만들어가는 훈련의 과정이 됩니다.

자기주도적 삶을 위한 실천방안!
독서의 과정은 성공을 만들어가는 훈련이 되어야 합니다.
책을 펼치고 지도를 그려 보세요.
"어디서 어디를 거쳐 어떤 목적지에 도달할 건가요?"

모험가의 언어

정해진 길을 걸어가며 조화와 안정을 추구하는 사람이 '모범생'이라면, 아무도 가지 않은 미지의 세계로 뛰어들어 새로운 길을 개척하는 사람은 '모험생'이다.

유영만, 박용후, 『언어를 디자인하라』 중에서

죽을 때 까지 변화하겠다는 사람이 있습니다. 불안합니다. 영원히 변치 않는 마음과 태도가 안정감과 신뢰를 준다는 생각이 강한 나에게 매우 도전적인 메시지입니다.

하지만 죽을 때까지 변화하겠다는 '모험생'의 말에 생기를 느낍니다. 살아있음을 느낍니다.

모험생들은 전혀 다른 언어로 그들의 혁신적인 생각과 창의적인 세상을 표현합니다. 그리고 실제 세상을 그렇게 바꿔나갑니다. 그동안 역사를 관통하는 수많은 혁명과 개혁은 이런 불안한 존재들… '모험생'들의 언어로부터 이루어지지 않았을까요?

"모범생이 되길 원하나요? 모험생이 되길 원하나요?"

"나라는 존재의 집에 어떤 언어로 가득 채울 건가요?"

자기주도적 삶을 위한 실천방안!

기존의 개념에 머무르기보다 나만의 열정과 철학을 가미한 새로운 개념의 언어를 창조해보세요. 나만의 언어가 혁신적 단어의 어원이 된다면 너무 근사하지 않나요?

1% 영혼의 무게

원자라는 놈 안에 과일의 씨앗처럼 가장 핵심으로 담겨 있는 원자핵의 크기는 거대한 축구 운동장의 정중앙에 완두콩 하나를 올려둔 크기만큼 작다네.
그러니까 원자핵을 제외한 99.999퍼센트는 거대한 빈 공간이라는 말이지. 인간 R은 겉으로는 80킬로그램이지만, 원자 단위의 무게로는 1킬로그램도 나가지 않았다. 나머지는 모두 에너지였다.

정주영, 『더 레이저』 중에서

과학적 시각에서 측정이 가능한 물질, 법칙, 이론들을 기반으로 우리는 어디까지 대화를 나눌 수 있을까요?
현실과 반복적으로 맞닥뜨리는 사건 사고들은 이 순간에도 명쾌한 과학적 언어로 표현할 수 없는 일들이 대부분인데 말이죠.

우리의 몸을 구성하는 물질은 겨우 1%정도의 측정가능한 원소로 되어 있습니다.
남은 빈공간은 있는 것처럼 보이지만 없는 공간, 즉 공(空)의 공간입니다.
하지만 그 빈 공간은 비어있지 않고 가득 차 있는 억(億)의 공간입니다.

* 億억: '억'자는 사람의 마음(心)이 충만(音)하다는 의미로 물건이 많아서 가득 차서나 마음이 가득 찬 것에서 기인한다. 따라서 가슴이 충만한 사람의 상태를 나타내는 억(億)자는 '편안하다. 만족하다. 헤아리다. 많은 수. 억' 등을 뜻한다.

몸을 구성하고 있는 비어있으나 가득 채울 공간, 이 공간을 어떤 의미의 정보 에너지로 가득 채워 편안하고 만족스러운 억(億)의 공간으로 만드느냐는 결국 에너지의 기원인 마음에 달려 있다고 말하고 싶습니다.
마음의 소리에너지가 몸을 이루는 실체인 겁니다.

✒ 자기주도적 삶을 위한 실천방안!

"우리의 인생은 마음먹기에 달렸다."
너무 상투적인 조언이라고 생각하나요? 그렇다면 과학적 언어로 이해해보면 어떨까요?
당신의 세포는 당신이 일으키는 뇌파 정보로 가득 차 있는 분자로 구성되어 있습니다.
그러니 지금부터 어떤 정보를 세포에 주입할 것인지 결정해 보세요!

축적 후 발산 2

"두뇌에 (눈을 통해) 해석된 세상이 들어오는 거라면 반대로 두뇌가 생각한 세상을 내보낼 수도 있지 않을까?"
"레이저는 양쪽에 거울을 두고 빛을 가둬버리는 것에서 시작하지. 그러면 만들어진 빛들이 무한대로 왔다 갔다 하다가 어느 순간 한계를 넘어설 때 바깥으로 툭 튀어나오기 시작한다네. 그게 우리가 쓰는 레이저지."
두뇌가 무언가를 상상할 때 맺히는 이미지들도 빛의 한 종류 아니겠는가?
그 빛들이 간절해지면 어느 순간 한계를 넘어설 때 빛줄기처럼 바깥으로 툭 튀어나올걸세.

정주영, 『더 레이저』 중에서

초등학교 과학시간에 배웠던 '레이저의 원리', 양쪽 거울사이에서 반복 운동하는 작은 빛은 무한의 한계를 넘어 가장 강력한 '레이저 빛'이 됩니다.

비록 아주 작은 소망의 빛일지라도 포기하지 않고 생생히 상상하고 현실이 될 때까지 무한 반복의 시도가 일어날 때, 결국 이 상상은 현실이 된다는 진리를 우리는 잊지 말아야 합니다.

다만, 그 소망을 간절히 원하는 내가 내 안에 있는지, 나의 의식을 내면에 두고 지켜보는 자세가 먼저일 겁니다.

당신 내면에는 자신만의 이루고픈 꿈을 가진 당신이 있나요?
혹은 타인의 꿈을 투영하며 이룰 수 없는 망상을 품은 당신이
있나요?

자기주도적 삶을 위한 실천방안!

당신 내면에는 이 세상을 송두리째 바꾸어 낼 수 있는 힘이 존
재한다는 것을 믿어보세요. 그리고 당신만의 세상을 창조하세
요. 어느 누구도 아닌 당.신.만.의.세.상을 잊지 마세요.

ISTJ의 반란

인생은 길을 보여주기 위해 길을 잃게 한다.
돌아가는 길투성이의 인생에서 뜻대로 되지 않는 일과 행복한 일은 동시에 일어난다.
플랜A보다 플랜B가 더 좋을 수 있다, 가 아니라 더 좋다.
플랜A는 나의 계획이고, 플랜B는 신의 계획이기 때문이다.

류시화, 『내가 생각한 인생이 아니야』 중에서

나는 플랜을 세우고 플랜에 맞춰 단계를 밟아가는 것을 좋아합니다.
맞습니다. MBTI(Myers-Briggs Type Indicator) 성격유형에서 ISTJ입니다.

인생의 A플랜을 잘 세우고 성실히 따라 가는 것이 가장 큰 덕목이라고 알고 살아가는 유형이라 말할 수 있습니다.

하지만 한 해 한 해 살아낼수록 점점 의문이 들기 시작합니다.
"과연 내가 세운 A플랜은 완벽했는가?"

내가 세운 플랜이라는 것은 결국 내가 경험하고 내가 알고 있는 지식 안에서 최선이라고 생각했지만, 터무니없이 좁은 시야를 바탕으로 그려낸 B급 청사진일지도 모르겠다는 생각을 해봅니다.

"계획대로 되지 않을 때, 기뻐하라!" "곧 신이 주신 선물을 받게 될 것이다."
계획이 틀어지기 시작할 때 생각해본 적도 없는 삶의 전개방식을 경험하게 됩니다.
그리고 곧 깨닫죠. "세상에는 이유 없는 일은 없다."라는 것을요.

✒ 자기주도적 삶을 위한 실천방안!

우리는 때때로 모든 답을 알고 있는 것처럼 생각하고 행동하고 평가하고 낙담합니다.
하지만 냉정히 스스로에게 물어보세요. "당신이 도대체 알고 있는 것이 무엇인가요?"
답하기 어렵다면 어설픈 A플랜은 잠시 내려놓고 B플랜이라는 신의 선물을 기대해보세요.
어쩌면 훨씬 더 완벽하고 근사한 경험이 될 수도 있습니다.

죽기 살기?! 살기 죽기

마침내 삶을 비관한 [벨 자]의 주인공은 바다 멀리 헤엄쳐서 돌아오지 못할 만큼 녹초가 될 때까지 수영하기로 한다.
그런데 헤엄쳐 앞으로 나갈 때, 심장이 격렬하게 뛰면서 외친다.
그녀는 깊은 숨 들이쉬며 심장의 소리를 듣는다.
'나는 살아 있다, 나는 살아 있다, 나는 살아 있다.'

류시화, 『내가 생각한 인생이 아니야』중에서

비로소 멀어져 봐야 소중한 것들이 보이고, 비로소 떠나와 봐야 돌아갈 곳이 보이는 것처럼 죽음을 직면해봐야 삶의 뜨거운 열망을 찾을 수 있습니다.

여행 차 들렀던 나고야 이누야마성의 꼭대기, 숨이 멎을 듯한 바람 앞에서 살겠다고 가쁜 숨을 몰아쉬며 오히려 내가 살아 있음을 알게 됐습니다.
가쁜 숨과 함께 느껴지는 두근거리는 심장이 삶에 대한 열망의 감정과 이어졌습니다.

'나는 언제 이렇게 가슴이 뛰어본 적 있었던가?'
죽은 듯 묻어두었던 수많은 감정들이, 꺼내보지 못했던 열망들이 스멀스멀 고개를 듭니다.

욕심내도 좋겠다. 그 무엇이라도

갈구해도 좋겠다. 설사 얻지 못한다 해도

살아있음에 꿈꿀 수 있는 것들이니까.

숨이 멎는 순간에 숨이 붙어있음을 깨닫는 찰나 왜 살아내야

하는지 알게 된 순간과 마주합니다.

자기주도적 삶을 위한 실천방안!

살기 위해 죽음을 생각하세요.

매 순간 의식하는 죽음이 내 삶을 더 뜨겁게 만듭니다.

날 것의 미학

유재석의 유튜브 영상에서 적나라한 방바닥에 둘러앉은 출연진들은 PD 허락 없이 화장실에 다녀오고, 대본이 아예 없어 화제는 왔다 갔다 하며 중간에 배고프다고 짜파게티를 끓이면서 수다를 떤다.

이런 상황이 낯설었던 공유가 겸연쩍은 듯이 한마디 던지며 웃는다.

"아, 그러니깐 이렇게 대본도 없이 막 떠드는 게 콘텐츠가 되는 시대인 거죠?"
정확하다. 지금은 그런 시대다.

노가영 외 3인 『2024 콘텐츠가 전부다』 중에서

AI가 우리 삶 깊숙이 파고들며 사회 전반에 그 존재감을 드러내고 있습니다.

하지만 기술에 대한 지식 습득보다는 인간만이 가진 문화나 철학에 관심을 두는 즉, 인문학에 대한 중요도와 필요성이 역설되기 시작했습니다.

요즘 서점에 나오는 책들의 주제들이나, 우리가 쉽게 접하는 영상매체들을 살펴보면 가공되고 포장된 정형화된 정보나 이미지보다는 왠지 B급이라고 불릴만한 날 것, 그 자체의 콘텐츠에 사람들이 관심을 가지고 열광하고 있다는 것을 느끼게 됩니다.

사람들이 몰린다는 것은 하나의 트렌드가 되며, 곧 이 흐름은 시장 전체를 선도하게 됩니다.

그렇다면, 이 시대의 성공 방법을 눈치 채야 합니다.

바로 매력적인 사람 되기! 나다움을 잃지 않은 고유한 나만의 개성 찾기!

꾸미지 않아도 내면의 진정성과 아름다움이 자연스럽게 묻어 나오는 사람이 되세요.

기술보다 사람, 지식보다는 지혜로움이 더 가치 있는 시대임을 잊지 마세요.

디지털 테크놀로지 시대일수록 진짜 나를 찾는 여행이 필요한 이유입니다.

자기주도적 삶을 위한 실천방안!

매일 한 번씩은 나 자신과 대화를 시도해보세요.

진짜 나다움이 무엇인지 관심을 가지고 질문해보는 겁니다.

내가 가진 진정한 가치는 무엇인가? 나는 어떻게 세상과 소통하는 존재인가?

날 것 같은 모습일지라도 내면의 가치를 알아봐주는 사람들과 연결되는 것이 이 시대의 진정한 기쁨이지 않을까요?

서사의 힘

팬덤을 위한 아티스트의 서사에 주목해야 한다.

노가영 외 3인 『2024 콘텐츠가 전부다』 중에서

"슈퍼팬 100명이면 망하지 않는다."
어디선가 읽어본 적 있는 비즈니스 성공 공식입니다.
그렇습니다. 이제는 나의 일거수일투족을 보고 따르고 모방하는 팬덤을 가지고 있느냐 없느냐에 따라 비즈니스의 성패가 좌우됩니다.
그래서 너도 나도 팬덤 형성을 위한 각종 SNS 활동과 집필활동, 강연활동 등에 무게를 두고 있는 게 아닐까요?

하지만 이 모든 투자 시간 전에 반드시 알아둬야 할 중요한 주제가 있습니다.
바로 팬덤을 형성할만한 나의 '서사'가 있느냐, 혹은 어떠한 '서사'를 만들어 가고 있는 중인 가입니다.

결국 자신의 인생 스토리가 팬덤을 형성하는 겁니다.
비즈니스에 성공하고자 팬덤을 이루고 싶다면, 각종 활동에 앞서 나 자신을 다듬고 매력적인 '서사'를 준비해야 하는 이유입니다.

자기주도적 삶을 위한 실천방안!

"인생 스토리를 영화로 만든다면, 흥미진진하고 재미있는 이야기일까요?"

"내 이야기에 아무런 도전도 없고 실패도 없고 성공도 없다면 얼마나 밋밋할까요?"

지금 경험하고 있는 모든 순간이 앞으로 나에게 열광할 독자(혹은 관객=팬덤)를 위해 만들어가는 작품이라고 생각해보세요.

좌충우돌, 파란만장, 실패담 그리고 결국 이겨내는 성장스토리가 가장 매력적인 팬덤을 만들어낼 나만의 '서사'가 되어 줄 겁니다.

PART
III

영감 전달자

"시작이 두려웠지만,

한 발 내디디니 결과가 보였다.

그 과정에서 얻은 모든 것에 감사한다."

정유진 작가

천냥을 벌 수 있는 말

인정과 아첨의 차이는 무엇일까? 간단하다.
하나는 진심이 담긴 것이고, 다른 하나는 진심이 없는 것이다.
하나는 마음에서 나오고, 다른 하나는 입에서 나온다.

데일 카네기, 『데일카네기 인간관계론』 중에서

오디션 프로그램 중 '싱어게인' 김이나 氏의 심사평을 들어본
적 있으신가요? 저는 노래 감동보다 그분의 심사평에 진한 감
동이 느껴질 때가 많습니다.

'그 감동은 어디서 올까?' 생각해 봤습니다. 그녀의 언어에는
상대를 진심으로 공감하려는 노력이 느껴지고, 노래를 완성하
고 부르기까지의 과정을 디테일하게 인정합니다. 시청자인 저
도 이렇게 감동이 느껴지는데 그녀의 인정을 직접 들은 그 가
수는 평생 그녀의 말을 보물처럼 여기며 힘을 얻지 않을까요?

'말 한마디에 천 냥 빚을 갚는다.'라는 속담이 있는데, 그녀는
말 한마디로 천 냥을 벌고 있는 듯합니다.

자기주도적 삶을 위한 실천방안!

'다른 사람을 인정하는 말'을 자주 하시나요? 인정하는 말은 상
대에게 긍정적인 에너지를 전파할 수 있고, 이는 커뮤니티 비즈
니스에 강한 기반이 될 수 있다는 걸 잊지 마세요.

취약해질 용기

글은 멋들어지는데 이야기하는 메시지가 와닿지 않은 예가 많습니다. '평가받는다'라는 두려움 탓에 진솔한 생각이 아니라 나를 꾸미기 때문입니다.

조한솔, 『내 생각과 관점을 수익화하는 퍼스널 브랜딩』중에서

『마음 가면』의 저자 브레네 브라운 심리학자의 '취약성의 힘'이란 주제의 강의를 본 적이 있습니다. 퍼스널 브랜딩 시대에 멋지게 나를 포장하기 바쁜 요즘, 취약성은 모든 감정과 느낌의 핵이라는 말이 흥미로웠습니다.

실제 글은 참 멋진데 돌아서면 메시지가 기억나질 않고, 사람은 멋지고 화려한데 뭔가 진심이 느껴지지 않아 거리감이 있는 사람들이 있습니다.

퍼스널 브랜딩을 더 매력적이고 성공적으로 하고 싶다면 가장 기본은 나의 고민과 취약점을 드러내는 용기가 필요합니다. 취약함은 다른 사람들과 더 나은 관계를 만들어줍니다.

자기주도적 삶을 위한 실천방안!

모든 사람은 약점을 가지고 살아갑니다. 자신의 취약점을 드러내는 것을 두려워 말고 자신의 가치를 인정하고 자신을 믿으세요. 나의 취약점을 인정하는 것부터가 자기 성장의 시작입니다.

타고난 스토리텔러

인간은 기본적으로 스토리를 좋아한다. 스토리는 기억하기 쉽다.

오하시 가즈요시, 『다 팔아버리는 백억짜리 카피 대전』 중에서

중고등학교 때 수학 정석 교재에 나오는 수많은 공식을 외우다가 잠든 기억이 있습니다. 안타깝게도 하나도 생각이 나질 않습니다.

하지만 '신데렐라', '아기 돼지 삼 형제' 등 한참 더 어릴 때 읽었던 이야기들은 선명하게 줄거리를 기억합니다.

이 사실만 봐도 스토리의 강력함이 느껴집니다.

누구나 사고파는 시대에 강력한 추천을 하고 싶거나, 나를 기억하게 하고 싶다면? 지금부터 스토리텔러가 돼보는 연습부터 해보면 어떨까요?

자기주도적 삶을 위한 실천방안!

늘 상대와 입장을 바꿔놓고 생각해 보세요.
내가 하고 싶은 이야기 말고, '상대의 기억에 남으려면 어떤 예시를 들어주면 좋을지?' 생각해 본다면 어느 순간 당신은 타고난 스토리텔러가 되어있을 겁니다.

찐팬 10명 만들기

찐팬들은 내가 좋아하는 크리에이터가 더 잘 될 수 있도록 돕는 역할을 한다는데 의미를 두고 망설임 없이 지갑을 연다.

노가영 외 2명, 『2023 콘텐츠가 전부다』 중에서

'1천 명의 팬 이론'을 들어보셨나요?
이 이론은 한 크리에이터가 오랜 기간 동안 지속적인 수익을 창출하고 성공을 이룰 수 있는 최소한의 팬 수를 의미합니다. 한마디로 찐팬 1,000명만 있으면 먹고사는 데 지장 없다는 이론입니다.

지금 당장 찐팬 1,000명이 넘사벽으로 느껴지신다면, 찐팬 2명, 10명 만들기부터 시작해보면 어떨까요?

작은 시도가 없다면, 큰 성공도 없습니다.

자기주도적 삶을 위한 실천방안!

찐팬을 만들기 위해 무엇을 해야 할까요?
내가 생각하는 정보를 주지 말고, 상대가 원하는 정보를 주세요. 그리고 상대와의 진실한 소통에 집중해야 합니다.
주변 사람들에게 당신은 진심 친구, 진심 언니, 혹은 진심 오빠입니까?

개인의 취향

이젠 암묵적인 법칙이 전혀 들어맞지 않는다.
이제 대중이 자신의 취향을 알고 자기 주도적으로 콘텐츠를 선택하기 때문이다.

노가영 외 2명, 『2023 콘텐츠가 전부다』 중에서

지하철에서 문득 주변을 둘러보면 많은 사람이 각자 유튜브나 인스타를 통해 무엇인가를 열심히 보고 있습니다.
하지만 신기하게도 그 수많은 사람이 보는 영상이 모두 다 다릅니다.

유튜브나 인스타에서는 사용자의 취향대로 끝없이 추천해 주고, 사람들은 그 알고리즘 속에서 더 빠르게 개인화되고 있습니다.

암묵적인 법칙들이 맞지 않고 개인의 취향이 깊어지는 시대… '우린 무엇을 준비해야 할까?'를 생각해야 하는 요즘입니다.

✒ 자기주도적 삶을 위한 실천방안!

개인의 취향이 모여 문화가 되고 트렌드를 만들어가고 있음을 인정해야 합니다. 지금 당장 나의 취향에 맞는 커뮤니티에 들어가서 소통을 시작하세요.

내 이름이 브랜드인 세상

"너는 회사 딱지 떼면 아무것도 아니잖아. 나는 내 이름이 브랜드야."
나는 회사 없이도 나를 소개할 수 있는 사람이 되고자 끝없이 노력했다.

드로우앤드류, 『럭키 드로우』 중에서

예전에 문득…

"명함 있으세요?"라는 질문을 받았을 때가 생각납니다.

처음에는 '명함이 있어야 했나?', '명함이 없는 게 날 증명할 데이터가 없는 흐릿한 사람처럼 느껴지나?'라고 생각할 때가 있었습니다.

그런데 최근엔 저에게 명함을 물어보는 사람들은 거의 없습니다. 나를 증명하는 방식이 바뀌었다는 겁니다.

지금은 내 이름이 브랜드가 되는 세상입니다. "당신은 어떤 사람입니까?" 명함 없이 또는 다니는 회사소개 없이 나를 소개할 준비 되어 있으신가요?

✒ 자기주도적 삶을 위한 실천방안!

"손안에 컴퓨터를 만들 수 없을까?"라고 질문했던 사람이 아이폰을 만들었고, "하늘을 날 수 없을까?"라고 질문했던 사람이 비행기를 만들었습니다.

나에 대한 질문을 계속해 보세요. 나에 대한 질문을 던진 사람만이 내 브랜딩을 할 수 있는 답을 찾을 수 있습니다.

사회적 증거

메시지를 전하기 전에 내가 그들에게 메시지를 전할 충분한 자격을 갖췄는지 고민해보자.
나의 자격을 먼저 증명해야 청중을 내 목소리에 집중시킬 수 있다.
자, 당신에게는 어떤 경험이 있는가?

드로우앤드류, 『럭키 드로우』 중에서

사람들은 전문가의 지식 전달이 아닌, 사람들의 경험에서 나온 스토리를 듣고 싶어 합니다.

그리고 그 메시지를 확실하게 전달하려면 풍부한 경험이 필요하고, 경험에서 나온 스토리는 얼마나 오랫동안 꾸준히 관심을 기울였는지, 얼마나 오랫동안 기록했는지 등의 사회적 증거가 필요합니다.

나의 관심 분야에 최대한 많은 경험과 꾸준한 기록을 아낌없이 남겨두세요.
이 모든 것들이 당신의 사회적 증거가 되어 줄 것입니다.

자기주도적 삶을 위한 실천방안!
전하고자 하는 메시지의 사회적 증거가 부족하다면, 오늘부터 당신의 경험을 인스타, 유튜브, 블로그 등에 상세히 기록하세요.

불안함이 만든 프레임

쟁기질의 달인이 되었는데 계속해서 쟁기질을 더 잘하는 방법을 찾는데만 골몰해있다. 기존의 프레임에 너무 익숙해진 나머지 트랙터를 사용해야 한다는 사실을 떠올리지 못하는 것처럼 보였다.

권오현,『초격차』중에서

LG에서도 휴대폰이 나왔다는 걸 기억하시나요?

한 때는 삼성보다 LG휴대폰이 디자인 덕분에 더 매출이 높았던 시기도 있었습니다.

LG에서 근무하던 시절, 애플에서 스마트폰이 나온다는 얘기가 나오자 LG 임원 중 한 분이 "폰이 디자인이 예쁘고 전화만 잘되면 되지 누가 복잡하게 컴퓨터처럼 사용하겠습니까?"라고 한 말이 기억납니다.

쟁기질과 트랙터의 완벽한 예시가 된 듯합니다.

사람들은 대부분 불안함 때문에 변화를 적극적으로 막고, 그럴듯한 이유를 만들어 지금까지 해오던 대로 합니다.

당신은 쟁기질하고 있나요? 트랙터를 사용하고 있나요?

자기주도적 삶을 위한 실천방안!

모기를 잡는 방법을 공유해서 279만회 조회수로 돈을 버는 사람이 있는 세상입니다. 이 모습이 당신이 그동안 알고 있었던 돈 버는 방법인가요? 익숙하지 않다는 핑계로 불안함이 만든 프레임에 갇히지 마세요.

진짜 공부를 해야 하는 시대

이미 어딘가에 저장된 정보를 요구하는 질문은 썩 좋은 질문이 아닙니다. 기억력이 좋은 누군가는 대답하겠지만 대답하지 못한 사람은 야단을 맞거나 창피를 당할 것입니다.

숫자 외우기의 달인이 가장 유능한 인재로 대우받는 것이 정상일까요?

권오현, 『초격차』 중에서

'문 따는 공부'라고 들어보셨나요?

벚꽃 피는 순서대로 대학이 망한다고 하고 일자리가 사라지고 있는 시대에 아직도 대학 문 따는 공부나, 남들 따라 자격증들의 문 따는 공부만 하는 건 아닌가요?

지금은 문 따는 기술이 아니라, 자신만의 대체 불가한 실력이 필요한 시대입니다.

내가 뭘 원하는지 명확하게 찾고, 몰입할 것을 찾아 진짜 공부를 해야 합니다.

자기주도적 삶을 위한 실천방안!

내가 진짜 뭘 원하는지 잘 모르겠다고요? 그렇다면 '언젠가 진심으로 나도 저렇게 살고 싶다.', '저런 사람이 되고 싶다.'라고 한 적 있었는지 떠올려보세요. 그리고 그 떠올렸던 분야의 공부를 시작하세요. 그 공부가 당신을 위한 진짜 공부입니다.

능동적 소비자의 권력

수동적인 소비자의 시대가 끝나고 능동적인 소비자 시대가 열렸다.
혁신 기업의 공통점은 정교한 리워드 설계를 통해 충성도 높은 커뮤니티 집단을 만들어냈다는 것이다.

이승윤, 『커뮤니티는 어떻게 브랜드의 무기가 되는가』 중에서

저는 평생 광고나, 누군가의 추천을 통해 소비만 했던 완벽한 수동적인 소비자였습니다.
그런데 지금은 '시크릿'과 '힐리'라는 브랜드의 핵심 멤버가 되어있습니다.

'왜 그렇게 되었을까?' 곰곰이 생각해 봤습니다.
소비의 시작은 다른 브랜드와 크게 다르지 않았습니다.
그런데 이 브랜드는 소비를 하면서 소비자들끼리 주고받던 링크를 통해 아주 쉽고 즉각적으로 소득을 연결해 주었다는 점이 달랐습니다.
한마디로 마케팅에 소비자를 참여시키는 방식을 선택해서 성격이 다른 추가적인 소득을 경험하게 해준 겁니다.

어느 순간 소득에 전혀 도움되지 않는 링크를 보낼 때마다 약간 억울하다는 생각까지 들게 되었습니다.
그 후 수동적인 소비자였던 제가 저와 비슷한 소비를 하는 사

람들에게 이 브랜드의 정보를 적극적으로 알려주게 되면서 핵심 멤버가 되어있었습니다.

평범한 수동적인 소비자가 완벽하게 능동적인 소비자가 된 겁니다.

자기주도적 삶을 위한 실천방안!

디지털 전환 시대에 기업들은 생존을 위해 능동적인 소비자에게 손을 내밀고 있습니다.

어쩌면 기업에만 유리했던 소비들이 개인에게 유리한 시대가 된 겁니다.

이럴 땐 능동적인 소비자가 되어 많은 경험을 해보시고, 한 발 더 앞서 기회를 잡는 슈퍼 유저에 도전해 보시길 바랍니다.

96세 할머니가 40년 동안 한 교회를 다니신 이유

제품이나 서비스 개발에 모든 역량을 쏟던 시대는 지났다.
커뮤니티 안에서 즐겁게 소통하고 자유롭게 네트워킹 할 수 있도록 해서
장기간에 걸친 강력한 팬덤을 만드는 작업에 공을 들여야 할 것이다.

이승윤, 『커뮤니티는 어떻게 브랜드의 무기가 되는가』 중에서

많은 전문가들이 얘기합니다. 앞으로는 친구 관계를 구매하는 '외로움의 경제'가 폭발적으로 성장할 것이라고…
얼마 전 96세 할머니가 문득 백팩을 메고 교회에서 진행하는 강원도 2박 3일 여행을 떠나시는 뒷모습을 봤습니다.
건강하게 여행 가시는 모습에 감사함과 동시에 문득 40년 동안 한 교회를 다니신 이유를 알 수 있을 듯했습니다.
할머니는 종교적인 신념도 중요하지만 '남녀 전도회'라는 커뮤니티를 통해 분기별 여행도 참여하시고 각종 교회 모임에 적극적으로 참여하십니다.
그 강력한 소속감은 노년의 외로움을 느낄 수 없을 만큼 단단해 보였습니다. 외로움이 비즈니스가 될 수 있다는 글처럼 커뮤니티의 중요성이 또 한 번 느껴졌습니다.

자기주도적 삶을 위한 실천방안!

당신은 어떤 커뮤니티를 경험하고 있으신가요? 자신의 취미나 관심사에 맞는 커뮤니티를 찾아서 꼭 경험해보세요.
찐 커뮤니티의 경험이 필요한 시대입니다.

장사 vs 사업

사장의 업무 능력이 직원들보다 뛰어나면 장사고, 직원들이 사장보다 뛰어나면 사업이다.

김승호, 『사장학개론』 중에서

당신은 지금 장사를 하고 있나요? 사업을 하고 있나요?

마케팅 사업을 하고 있는 제 모습을 떠올려 봅니다. 사업을 한다고 하면서 모든 일을 혼자하고 있는 건 아닌지… 사업을 한다고 하면서 몸으로 버는 돈까지만 생각하지는 않는지…
장사는 한 개인의 먹고사는 문제를 해결하고, 사업은 나를 세상에 나타내고 사회를 변화시키고 싶은 욕망에서 생겨난다고 합니다.

어떤 것이 '맞다', '틀리다'가 아니라 장사와 사업은 최종목표가 다릅니다. 만약 사업을 하고 싶다면 자신의 최종 목표가 무엇인지 계속 떠올려보세요.

🖋 자기주도적 삶을 위한 실천방안!
당신이 하려는 사업 영역에 대해 완벽하게 알고 있다고 자신할 수 있나요? 사업을 하겠다고 마음먹었다면 그 영역의 공부를 멈추면 안 됩니다. 공부하고, 공부하고, 또 공부하세요.

리더의 필수 조건

내가 가장 무서워하는 경쟁자는 책 읽는 사람이다.
내가 제일 조심스러운 사람도 평소 책을 자주 읽는 사람들이다.

김승호, 『사장학개론』 중에서

대학 졸업 후 회사 생활을 했을 때 일반사원에서 주임이 되고, 대리가 되는 과정을 경험했습니다.

이 직급은 능력에 의한 직급이 아니라 근무 연수에 의한 순차적 직급이었습니다. 특히 여성이 별로 없는 근무 환경에서 여직원 대표 리더의 역할이 특별한 노력 없이 근무연수로 얻은 위치라고 생각했던 저에겐 부담감과 책임감이 많이 느껴졌던 시간으로 기억됩니다.

순차적으로 리더의 위치에 오르는 환경이라면 리더가 되기 전에 무지한 리더가 되지 않도록 꾸준하게 독서하고 준비하고 성장해야 합니다.

리더의 무지는 나쁜만이 아니라 집단을 고통에 빠뜨릴 수 있기 때문입니다.

🖋 자기주도적 삶을 위한 실천방안!

어떤 책부터 읽어야 하냐고요? 다양한 분야의 책을 읽는 것은 매우 중요합니다. 다양한 책은 문제를 다각도로 바라보고 다양하게 대처할 수 있으며, 적절한 결정을 내릴 수 있는 능력을 키울 수 있습니다.

예술가들의 숨은 법칙

나는 라디오를 들으면서 "나도 저 사람만큼 잘하는데" "내가 저 사람보다 나은데"라고 생각합니다. 그럼 나는 왜 라디오에 출연하지 못할까요? 나는 망할 놈의… . 캠핑카 안에서 살고 있었으니까요.

세스 스티븐스 다비도위츠, 『데이터는 어떻게 인생의 무기가 되는가』 중에서

점만 찍은 미술작품 하나가 수십억에 팔리고 그 가치를 인정받을 때, 그 작가가 참 부럽기도 하고 정말 늘 궁금했습니다. 화려한 기술도, 색감도 없는데 왜 저렇게 높은 평가를 받는 걸까? 스포츠 같이 객관적 수치가 나오지 않는 예술 분야이기 때문에 더욱 궁금했습니다. 그런데 빅 데이터가 예술가에게서 발견해 낸 숨은 데이터가 하나 있었습니다. 바로 스프링스틴 법칙입니다. 스프링스틴 법칙이란 '많이 돌아다니며 다양한 곳에 전시한 화가의 그림이 유명해진다'라는 법칙입니다. 예술가의 숨은 데이터라고 하기엔 너무나 단순하고 솔직했습니다. 행운은 그냥 오는 게 아니라는 아주 명확한 데이터였습니다. 성공한 예술가는 자기 자신 스스로 행운을 직접 만들었던 것입니다.

✒️ 자기주도적 삶을 위한 실천방안!

우리 삶은 오직 객관적 수치로 평가받는 스포츠 쪽보다 실력을 측정하기 어려운 예술가 쪽 법칙이 적용될 가능성이 큽니다.
기회를 잡고 싶다면 기회가 올 것이라고 기다리지 말고, 기회가 있는 곳으로 가십시오. 그것이 성공한 예술가의 숨은 법칙입니다.

부모들에게 건네는 최고의 조언

지금 나는 부모들에게 이렇게 충고하고 싶다.
"너무 깊이 고민 하지 마세요… 단 한가지만 빼고요."

세스 스티븐스 다비도위츠, 『데이터는 어떻게 인생의 무기가 되는가』 중에서

새 학기가 되면 가장 먼저 반별로 엄마들 단톡방이 꾸려집니다. 그 안에 아이들의 학교행사부터 숙제, 엄마들의 수많은 모임 등이 논의됩니다. 그런데 최근 이런 엄마들의 단톡방이 대학생 때도 있다는 사실을 알고 있으신가요? 부모의 과도한 간섭과 과잉보호에 결과물의 하나입니다.

이 책에서 수많은 실험과 데이터분석을 통한 결론은 '부모로서 당신이 하는 결정들은 사실 그렇게 중요하지 않다'였습니다.

하지만 단 각별히 주의를 기울여야 하는 하나의 영역을 강하게 강조합니다. 그건 '아이를 어떤 사람들에게 노출할 것인가'였습니다. 단순하게 말하면 아이들이 모방하기를 바라는 성인들에게 아이들을 노출하라는 겁니다.

자기주도적 삶을 위한 실천방안!

'아이들에게 아주 가까이 노출되는 성인은 누구일까?' 생각해 봤습니다. 결론은 부모입니다.
아이를 잘 키우고 싶다면, 과잉 간섭과 보호 이전에 아이에게 수시로 노출되고 있는 부모로서 당신의 모습들을 떠올려보십시오. 당신은 아이들이 모방하기를 바라는 성인입니까?

대단하지 않지만 끌리는 사람

전문성을 전면에 앞세운다면 브랜딩을 계속해나갈 수 없습니다.
나보다 잘하는 사람이 많거든요. 그리고 앞으로도 많을 겁니다.
나의 장점이 '전문성' 하나라면 위태위태한 날들이 계속될 겁니다.

조한솔, 『내 생각과 관점을 수익화하는 퍼스널 브랜딩』 중에서

할머니가 20년 전 제 남편을 처음 보시고 '귄있네~'라고 하셨습니다. 당시 무슨 말인지 못 알아들었지만 그 말은 전라도 방언으로 매력 있다는 말입니다.

나를 브랜딩하는데 가장 중요한 요소는 무엇일까요?

어쩌면 지금은 전문성보다 매력이 더 중요한 시대일 겁니다.

대단하지는 않지만 끌림이 있는 사람들이 있고, 수많은 글 중에 이상하게도 읽히는 글들이 있습니다. 어떤 대단함, 전문성보다는 끌림, 동질감이 느껴져서 궁금해지고 보게 됩니다.

당신이 함께 밥을 먹고, 여행을 함께 가고 싶은 사람들은 어떤 끌림이 있는 사람인가요? 상대에 대해 끌림의 포인트로 나의 브랜딩을 시작해 보세요.

자기주도적 삶을 위한 실천방안!

나를 브랜딩하기 위해 뭐부터 해야 할까요? 대단한 것을 해내야 한다는 강박보다 힘을 빼고 나의 끌림 포인트에 집중해 보세요. 당신이 끌리는 사람은 다른 사람도 끌립니다.

충분하다 느껴본 적 있나요?

그들은 이미 모든 것을 갖고 있었다. 상상도 못 할 만큼의 부와 명성, 권력, 자유까지 있었다. 두 사람이 그 모두를 내던진 것은 더 많이 바랐기 때문이다. 두 사람은 '충분'이라는 것을 몰랐다.

모건 하우절, 『돈의 심리학』 중에서

남들이 그렇게 원하는 스타가 되었는데 자살로 삶을 끝내는 연예인들이 있습니다. 또 선택받은 사람들처럼 어려서부터 모든 걸 누리지만 마약 파문 등으로 뉴스에 나오는 재벌 3세들도 종종 볼 수 있습니다.

그리고 제 주변 아주 가까이에서도 남들이 부러워하는 젊은 나이에 부와 자유를 다 얻었지만, 결국 자신이 가진 모든 것을 잃을 수 있는 위험을 감수하면서 더 많은 돈을 원하는 모습들을 봅니다. 도대체 어디까지 가져야 충분한지 생각해 봅니다. 하지만 저 역시 그 부분에 대해 자유롭지 않습니다.

당신은 충분하다 느껴본 적 있나요? 그 충분함의 크기가 남들이 보기에 크고 작고의 차이만 있을 뿐은 아닐까요?

🖋 자기주도적 삶을 위한 실천방안!

딸에게 물어봤습니다. "하은아 너는 충분하다고 느낀 적 있니?" 곰곰이 생각하다가 이렇게 답변합니다. "집에 책도 충분하게 있고, 침대도 있고, 내 방도 있어서 충분해요." 그 얘기를 하는 딸에 표정엔 이미 행복한 미소가 번집니다. 행복은 '충분히' 가졌다는 사실을 아는 것입니다.

통제권

당신이 원할 때, 원하는 것을, 원하는 사람과 함께, 원하는 만큼 오랫동안 할 수 있는 능력은 돈이 당신에게 줄 수 있는 가장 큰 배당금이다.

모건 하우절, 『돈의 심리학』 중에서

누군가가 나의 20대는 어땠냐고 물어봤을 때 나의 대답은 암흑기란 말이 먼저 나옵니다. 거기에 가장 큰 이유는 아침 8시 출근, 저녁 6시 퇴근이었습니다.

좋은 사람들도 많고, 나를 많이 성장시키는 일이었지만 일요일 밤이 되면 늘 배가 아팠고 타인의 통제 하에 은행 한번 맘대로 갈 수 없었던 그 시간이 저에겐 대기업의 노예로 일했던 시간으로 기억됩니다.

그런데 왜 그렇게 암흑기라는 10년의 시간을 참고 버텼을까요?

그건 선택이 아닌 생계였기 때문입니다. 돈은 내 시간을 내 뜻대로 할 수 있는 통제권을 줍니다. 그것이 돈의 가장 큰 가치입니다.

 자기주도적 삶을 위한 실천방안!

사람들은 자신에게 통제권이 있다고 느낄 때 행복해합니다. 그 통제권을 갖기 위해서는 반드시 돈이 필요합니다. 돈의 가치를 여기에 둔다면 당신의 삶은 좀 더 행복해질 수 있습니다.

슈퍼 개인이 되고 싶다면?

현재를 어쩌면 AI의 민주화라고 할 수 있겠다. 누구나 가능하니까.
다만 도구를 쓸 줄 모르는 사람, 쓸 줄 아는 사람, 그 명백한 차이가 존재
할 뿐이다.

이승환, 『슈퍼 개인의 탄생』 중에서

빌 게이츠가 혁명이라고 느낀 두 가지 기술이 GUI와 GPT라
고 합니다. (GUI는 키보드를 통한 명령어로만 작업하다가, 마우스 등을 이용해
화면의 메뉴 중 하나를 선택해서 작업하는 환경으로 바뀌게 한 기술)

그만큼 Chat GPT는 우리 삶의 큰 변화를 주고 있기에 혁명이
라고 해도 과언이 아닙니다.

그런데 당장 공부하고 적용해 봐야 하는 상황임에도 불구하
고 제 마음속 한구석은 시작의 두려움, 변화의 불편함이 아직
도 있습니다. 한마디로 드릴 사용법을 익히지 않고 망치로만
버텨보겠다는 마음입니다.

AI시대 절대 대체되지 않는 슈퍼 개인이 되려면 생산성 100
배를 실현해 줄 강력한 도구들을 내 것으로 만들 수 있느냐
없느냐에 달려 있습니다.

자기주도적 삶을 위한 실천방안!
처음은 불편함을 느끼겠지만 새로운 도구인 Chat GPT에게 구
체적으로 질문하는 연습을 계속해보세요.
그 불편함이 우리의 상상력에 근육을 붙여 줄 것입니다.

하루 20분

혁신은 돈의 흐름을 변화시킨다.
또한 혁신은 기존 직업을 대체, 보안, 변형 시키며 새로운 경제를 형성한다.

이승환, 『슈퍼 개인의 탄생』 중에서

영국의 600여 명이 일하는 한 대형 로펌에서 채용 조건을 "Chat GPT와 제대로 대화할 수 있는 사람을 구한다."로 내걸었습니다. 그리고 심지어 법학 학위 보유는 필수 조건이 아닌 우대 조건이었습니다.

참 놀라운 채용 조건이라 옆에 있던 남편에게 "이 채용 조건이 말이 돼?"라고 떠들었던 기억이 있습니다.

그런데 조금 더 생각해 보니 너무나 당연한 이유였습니다.

엄청난 정보를 외우는 것보다 이미 있는 정보들을 빠르게 획득하고 활용하는 게 실질적으로 더 중요하기 때문입니다.

그러니 당연히 직업의 변형이 일어나고 돈의 흐름도 바뀔 수밖에 없는 겁니다.

자기주도적 삶을 위한 실천방안!

당신은 지금 세상의 흐름을 잘 따라가고 있나요? 세상의 흐름을 따라가기 위한 가장 빠르고 쉬운 방법은 독서입니다. 유튜브 볼 때 20분은 순삭(순간 삭제) 이라고 표현합니다. 어쩌면 순삭이 될 수 있는 매일 20분을 책 읽는 20분으로 바꿔보면 어떨까요?

최상의 이득

고객은 상품을 갖기 위해 돈을 지불하지 않는다.
고객은 상품으로 얻을 수 있는 즐거운 미래를 바라며 돈을 지불한다.

오하시 가즈요시, 『다 팔아버리는 백억짜리 카피 대전』 중에서

사람들의 온라인 직거래를 돕는 당근마켓 앱의 다운로드 수가 2,000만을 넘어섰다고 합니다. 누구나 사고파는 시대라는 걸 보여주는 대표적인 사례입니다.

그렇다면 이제 '세상에 무엇을 팔 것인가'를 생각해야 합니다. 그리고 그것이 물건이든 지식이든 서비스든 상대에게 최상의 이득을 줘야 팔 수 있다는 걸 잊지 말아야 합니다.

당신이 홈쇼핑을 보다가 다이어트 보조식품을 산다고 생각해 보세요. 제품의 특징과 장점도 중요하지만 성형에 가까운 후기 사진을 보여줬을 때, 또는 "세 번 재구매 했습니다."라는 결과를 봤을 때 확실히 지갑이 열리지 않았나요?

자기주도적 삶을 위한 실천방안!
헷갈리지 마세요. 최상의 이득은 상품의 메리트나 특징이 아니라 그것을 얻었을 때 결과입니다.

당신은 특별합니까? 평범합니까?

왜 특별해 보이는 사람들은 자신이 해낸 성과에 하나같이 겸손할까?
직접 물어 보았습니다. 그들의 대답은 한결같았습니다.
평범한 하루하루를 쌓아 올려서 만들었기 때문이라는 겁니다.
그렇게 걸어가다 보니 지금에 이르렀을 뿐이고, 본인의 과거와 오늘은
사실상 너무도 평범하다고 말합니다.
심지어 자신들이 하는 정도의 노력은 누구나 하고 있다고 생각했습니다.

주언규, 『슈퍼노멀』 중에서

'슈퍼노멀'
평범한 범주 안에 있는 듯하지만, 알고 보면 앞서나가는 사람
들…
저는 이 단어가 참 좋습니다.

저는 어려서부터 아주 지극히 평범하게 공부도 그럭저럭, 운
동도 그럭저럭, 친구 관계도 특별히 어렵다고 생각해 본적이
없이 비슷한 친구들 사이에 섞여서 튀지도 외롭지도 않게 살
았던 것 같습니다.

그런데 언제부터인가 제가 특별한 사람 취급받기 시작했습
니다.
회사에 다닐 때 여직원이 다 그만두고 저만 남아서 특별해졌

을 때가 있었고, '시크릿'이란 브랜드를 만나 그 안에 계속 머무르고, 계속 알리다 보니 남들이 신기해하는 직급에 도달해서 특별한 사람이 되었습니다.

매 순간 과정에 충실하긴 했지만 이것이 특별하다고는 생각 못 하며 살았습니다.
타고난 특별함이 아닌 과정의 특별함이라는 표현이 더 어울리는 듯합니다.

자기주도적 삶을 위한 실천방안!

특별한 사람이 되고 싶으신가요?
그렇다면, 자신이 선택한 일에 그만둘 이유를 붙이지 마세요.
그러면 어느 순간 사람들이 당신을 특별하다고 얘기할 겁니다.

실패 = 작은 성공

어제보다 오늘, 조금 더 실력을 쌓아 올렸는가? 그러면 됐다.
과정이 옳다면 당신의 시도는 실패가 아니다.
성공을 향해 달려가는 '작은 성공'을 했을 뿐이다.

주언규, 『슈퍼노멀』 중에서

저는 제가 쓰는 브랜드를 추천하고 설명하는 일을 합니다.
그런데 이 일은 설명 한 번으로 상대가 완벽하게 인지하고,
이해하길 기대하지 않았을 때 성공에 가까워진다는 사실을
깨달았습니다.

한마디로 이해의 누적이 브랜드를 인식시키고, 찐팬으로 만
들어 주는 가장 확실한 방법이었습니다.
그런데 그 이해의 누적 과정을 실패로 인식하는 사람이 있고,
작은 성공으로 인식하는 사람이 있습니다.

시간이 흐른 뒤, 어떤 사람이 성공할지는 너무나 분명했습니다.

🖋 자기주도적 삶을 위한 실천방안!

사실 첫 시도는 대부분 실패합니다. 하지만 그 시도가 데이터를
만들어 주고, 방법을 찾게 해주는 역할을 합니다. 시도를 실패
가 아닌 작은 성공으로 인정하는 연습을 해보세요. 그러면 내가
하는 일이 좀 더 즐거워지고 성공과 가까워질 것입니다.

만남의 축복

그는 '이 일을 어떻게 해야 할까?'라고 묻지 않는다. '이 일을 실현하려면 내부 또는 외부에서 누구를 데려와야 할까?'라고 묻는다.

댄 설리번, 벤저민 하디, 『누구와 함께 일할 것인가』 중에서

유튜브에 '절대 놓쳐서는 안 될 사람'과 '당장 손절해야 할 사람'이라는 주제로 많은 영상들이 쏟아집니다. 누구와 함께하는지가 얼마나 중요한지 사람들은 이미 알고 있습니다.

밤에 딸을 재우면서 빼놓지 않고 습관처럼 기도하는 내용 중 하나가 있습니다. 그건 '만남의 축복'입니다.
'어떤 아이로 자라게 해주세요.'도 중요하지만, 아이가 어떤 선생님을 만나고, 어떤 친구 또는 어떤 사람을 만나는지가 얼마나 중요한가를 본능적으로 알고 있기 때문입니다.

내가 어떤 사람들과 함께할 때, 배우고 성장하고 있는지에 초점을 맞춘다면 삶이 훨씬 더 풍요로워질 것입니다.

자기주도적 삶을 위한 실천방안!
어떤 사람과 함께 하고 싶으세요? 지금부터 당신이 함께하는 사람이 누구냐에 따라 앞으로 많은 것이 바뀔 것입니다.

에너지를 주는 사람들의 특징

사람을 찾을 때 적당히 타협하지 마라.
끌림을 느끼고 곁에 있으면 흥미로운 사람들과 변혁적 관계를 맺어라.

댄 설리번, 벤저민 하디, 『누구와 함께 일할 것인가』 중에서

어떤 사람은 존재만으로 힘이 됩니다. 어떤 사람은 카톡만 몇 번 주고받아도 기분이 언짢아지고 기가 빨리는 느낌이 듭니다.

어떤 사람은 표정이 밝고, 눈빛이 따뜻하고, 다정한 말투를 갖고 있고 어떤 사람은 공격적 성향이 강하고, 상대 말을 왜곡해서 받아들이고, 자기가 옳다는 강한 신념에 사로잡혀 있습니다.

누가 에너지를 주는 쪽인지, 뺏는 쪽인지는 너무나 명확합니다. 에너지를 뺏는 사람과는 그 관계를 발전시키거나 타협할 필요가 없습니다.

자기주도적 삶을 위한 실천방안!

나는 어떤 유형일까요? 에너지를 주는 사람이 되고 싶다면 책을 읽는 습관을 갖는 것도 좋은 방법입니다.
책은 에너지 덩어리입니다.

영향력의 시대

뮤지컬로도 제작되어 큰 인기를 끌었던 1990년대 영화 〈사랑과 영혼〉에서 남자주인공 샘(패트릭 스웨이지 분)이 "항상 사랑했어"라고 말하자 여자주인공 몰리(데미 무어 분)는 "디토ditto"라고 대답한다. '나도 사랑한다'는 뜻이다.
이처럼 디토는 '나도' 혹은 '이하동문'이라는 의미다.
사랑 고백이 아니라 소비에서도 디토, 즉 "나도"하는 식의 소비가 늘어나고 있다.

김난도 외 10명, 『트렌드코리아 2024』 중에서

2024년 신조어인 '디토 소비'는 모든 구매 의사결정을 생략한 채 "나도ditto"하고 추종 하는 소비를 뜻합니다.

저 역시 상품, 노출경로, 구매 채널들이 폭발적으로 다양화되면서 조금이라도 구매 결정의 노고를 덜기 위한 행위를 하고 있습니다.

"요즘 드라마 뭐 봐?" 드라마나 영화를 자주 보는 사람에게 물어봅니다.
"요즘 괜찮은 책이나 영상 뭐 있어?" 책이나 영상을 평소 많이 보는 사람에게 물어봅니다.
"요즘 재킷 어디가 예뻐?" 저랑 취향이 비슷한 평소 패션의 진심인 사람에게 물어봅니다.

당신은 어떤 사람에게 질문하고 있나요?

당신은 어떤 질문을 자주 받고 있나요?

지금은 영향력의 시대입니다.

자기주도적 삶을 위한 실천방안!

영향력의 시대에 우린 무엇을 준비해야 할까요?
나를 어떻게 정의하고 드러내고, 어필할지가 중요해졌습니다.
어색하더라도 자기 생각을 글로 적어보고, 사진을 예쁘게 찍어
보기도 하고, 사람들과 함께 커뮤니티에 참여해 보는 등 다양한
경험들이 필요한 시기입니다.

당신은 '가성비파'? '시성비파'?

시성비가 중요해지면서 사람들은 시간을 조금이라도 아껴주는 서비스에 지갑을 열고 있다.

김난도 외 10명, 『트렌드코리아 2024』 중에서

가끔 '지하철에서만큼은 내가 MBTI의 J인가?' 싶습니다.

지하철 타기 전부터 앱을 켜고 요금과 상관없이 최단 거리를 선택하고, 환승할 때 가장 빠른 출구 번호를 체크하고, 환승할 다음 지하철의 정확한 시간을 철저히 계산하며 빠르게 걷고 있는 나를 봅니다.

이유는 그 앱의 추천코스로 가면 시간을 30분 이상을 아끼는 경험을 몇 번 했기 때문입니다.

그리고 요즘은 콘텐츠도 숏으로 보고, 드라마도 몰아보기 등을 주로 시청합니다. 왜 그러는 걸까요? 성격이 급해진 걸까요?

그보다는 자기 시간을 스스로 적극 관리해야 하는 '시간의 초개인화 사회' 중심에 살고 있기 때문이 아닐까요?

✒ 자기주도적 삶을 위한 실천방안!

트렌드를 알고 싶다면 '내가 또는 주변 사람들이 어떤 콘텐츠를 주로 보고 있는지?', '현재 어디에 지갑이 자주 열리고 있는지'만 잘 관찰해도 흐름을 쉽게 읽을 수 있습니다.

당신은 현재 '가성비파'입니까? '시성비파'입니까?

역사상 가장 강력한 노인의 시대

점점 나이를 지우고, 나이를 멈추려는 사람들이 늘어난다.
노인만이 아니다. 모두가 나이에 대한 관성을 지우고 살아가려 한다.

김용섭, 『라이프 트렌드 2024』 중에서

과거 60세 생일은 환갑잔치를 하고 허리가 약간 굽은 할머니, 할아버지가 손자, 손녀들에게 축하받는 장면이 떠올랐다면, 현재 60세 생일은 얼마 전 인스타그램에서 황신혜 氏가 60세 생일 파티하며 셀카를 올리고 댓글로 축하를 받는 장면이 떠오릅니다.

한국의 중위 연령이 93년도에 28.4세였는데 2030년이면 49.8세가 된다고 합니다.

2023년 미국에서 가장 오래된 스포츠 잡지인 〈스포츠일러스트레이티드〉에서는 81세 사업가인 마샤 스튜어트를 수영복 모델로 세웠습니다.

확실한 시대의 변화입니다. 이제 40대는 젊은 나이가 되었고, 그 말은 역사상 가장 강력한 노인의 시대가 되어가고 있다는 걸 의미합니다.

자기주도적 삶을 위한 실천방안!

나이에 얽매이지 마세요. '올해는 또 무엇을 배우고, 또 무엇에 도전해 볼 것인가!' 스스로에게 늘 물어보시길 바랍니다.

자기관리 어떻게 하고 있으세요?

누군가는 피부에 화장품을 바르는 것으로만 안티에이징한다고 할 때, 누군가는 세포 노화를 막고 장기를 재생하는 의료 기술로 몸속까지 안티에이징을 하고, 또 누군가는 영생을 위한 큰 그림을 그리고 있다.

김용섭, 『라이프 트렌드 2024』 중에서

저의 아침 루틴은 일어나자마자 독일에서 온 에너지 디바이스로 '순수' 프로그램을 돌리며 시작합니다. 이건 밤새 쌓인 나의 몸속 독소를 빼는 루틴입니다.

누군가에겐 다소 낯선 모습일 수 있지만, 그것이 나의 몸의 노화를 늦춘다면? 바쁜 내가 간단하게 할 수 있는 편리함이 있다면? 내가 감당할 수 있는 비용이라면? 저는 기꺼이! 선택합니다.

우리는 자기관리가 선택이 아닌 필수인 시대에 살고 있기 때문입니다. 무슨 일을 하든지 그 일을 하는 사람이 먼저 보이는 시대입니다.

자기주도적 삶을 위한 실천방안!

당신은 어떤 사람과 일하고 싶습니까?
에너지 좋고 자기관리를 잘하는 사람과 일하고 싶으신가요?
매일 피곤함에 찌들어 지쳐있는 사람과 일하고 싶으신가요?
자기만의 몸 관리 루틴을 반드시 만드세요.
자기관리는 이제 더 이상 선택이 아닙니다. 필수입니다.

전성기 그래프

전성기 그래프는 21년 주기를 가진다. 7년을 서서히 올라가고 7년을 유지한 후 7년을 서서히 내려간다. 하나의 재능은 21년 주기를 가지며 생성-유지-퇴화의 3단계 과정을 거치며 전성기를 가진다. 다시 말하면 누구든 한가지 재능으로 20년을 반복하면 전성기를 맞을 수 있다는 의미다.

조연심, 『하루 하나 블랜딩』 중에서

가끔 상상합니다. '내가 만약 고3인데, 고3이라는 시간이 1년 뒤에 끝난다는 것을 모르고 있다면… 얼마나 힘들까?'

사람들은 어떤 힘든 시기가 와도 이 시간이 지나가고 있다는 사실을 인지한다면 기꺼이 버틸 수 있습니다.

하지만 그걸 모른다면, "이걸 언제까지 해야 해?"라고 하며 순간 포기하게 됩니다. 대부분의 사람이 포기할 때 시간을 이야기하곤 합니다. "이 정도 했으면 되어야 하는 거 아니야?"

정말 그 일을 하고 싶다면, 그 일을 해내고 싶다면, 21년 주기의 전성기 그래프와 비교해 보면 어떨까요?

자기주도적 삶을 위한 실천방안!

최고의 때가 올 때까지 자동 반복하면 누구든 전성기를 맞이할 수 있다고 합니다. 일을 손에 완전히 익힐 때까지의 시간을 제외하고, 자동 반복을 얼마나 해보셨나요? 7년? 14년? 21년?

공감 자본주의

당신이라는 브랜드가 고객에게 선택받기 위해서는 고객은 저글라스라는 것을 잊지 말아야 한다. 퍼스널 브랜딩은 기능적 편익을 제공하는 이성과 소속감을 약속하는 감성이 합쳐져 완성되어간다.

조연심, 『하루 하나 블랜딩』 중에서

'공감 자본주의'라고 들어보셨나요? 이는 공감과 경제적 가치를 결합하는 개념입니다. 수많은 SNS 콘텐츠들 중에도 내 마음에 공감이 되는 것은 '좋아요'를 누르게 되는 것도 공감 자본주의에 한 예시입니다.

기업 중에도 공감을 기반으로 성공적인 브랜딩을 한 경우가 많이 있습니다. 대표적인 예로 나이키는 "Just Do It" 캠페인으로 사람들에게 동기부여와 용기를 주는 메시지로 강력한 공감을 끌어내며 브랜딩에 성공했습니다.

이제는 개인 브랜딩을 성공적으로 구축하려면 기능적 측면인 자기 개발만이 아니라, 감성적 측면인 공감 능력이 엄청 중요한 요소가 되었기 때문에 공감 능력을 키우는 데 노력을 기울여야 합니다.

자기주도적 삶을 위한 실천방안!

사람들과 자주 소통하고 다른 사람들의 감정과 상황을 이해하기 위해 노력해 보세요. 그것이 당신의 공감 능력을 키우는 방법입니다.

게으름이 부른 혁신

빌 게이츠는 어려운 일은 게으른 사람에게 시킨다고 한다.
게으른 사람이 뭐든 열심히 하는 사람보다 쉬운 방법을 찾아내기 때문이다.

조원경, 『감정 경제학』 중에서

겨울왕국에서 올라프를 녹지 않게 지켜주던 개인용 눈구름을 처음 봤을 때, '와! 저런 우산이 있으면 당장 살 텐데'라는 생각을 한 적이 있습니다.

또 요즘 저의 최애템은 자면서도 살을 빼준다는 피트니스 디바이스입니다.
자는 동안 내 몸 안에 피스니스 관련 정보 값을 계속 보내줘서 빼준다는 이론인데, 실제 체중감량이 되는 걸 경험한 후 "와 프로그램으로 살을 빼네?"라고 신기해하면서 자주 사용하는 프로그램이 되었습니다.

이처럼 다소 게으른 생각이 소비로 이어지는 경우는 이제 주변에 흔히 볼 수 있습니다.
그와 동시에 그동안 시간과 돈을 들여서 쌓은 지식과 경력들로 다이어트 관련 업종에 계시는 분들이 떠올랐습니다. 노동의 신성함이란 단어가 무색해집니다.

게으름이 재평가되고 혁신으로 연결되는 사회에서 생각을 확장하고 창의력을 발휘해야 하는 시대임을 또 한 번 생각하게 되는 요즘입니다.

자기주도적 삶을 위한 실천방안!

가끔은 게으름을 허용함으로써 마음을 편하게 먹고 새로운 아이디어를 도출할 수 있는 시간을 확보해 보세요.
게으름은 종종 놀라운 창의성의 원천이 될 수 있습니다.

명확하지 않을 때는 일단 선택하세요.

아직 답은 명확하지 않다. 하기로 했으니까. 하기로 선택했으니까.
아직은 이게 전부다. 마라톤이 끝나고 나면 더 있어 보이는 대답이 나오
려나. 아직은 잘 모르겠다. 지금은 그런 답을 찾을 때가 아니다. 42.195km
를 향해 달릴 때지.

강주원, 『보통의 달리기』 중에서

10년간 직장 생활만 하던 나에게 '시크릿'이란 회사의 정보가
왔고, 선택의 순간이 왔을 때가 생각납니다. 지금도 그 선택
을 했음에 감사하곤 합니다.

선택하던 그 순간에도 자신 없었고 의심했지만, 선택한 후에 시
간이 흐르니 해내고 싶다는 마음이 생겼습니다. 선택하기 전까
지는 내가 할 수 있는지, 나의 한계가 어디까지인지 모릅니다.

모든 일에는 이유가 있다는 걸 믿고 살아가는 사람 중의 한
명입니다.

명확하지 않지만 선택의 순간이 온다면, 일단 선택해 보세요.
그 선택이 내 삶의 최고 선택이 될 수도 있습니다.

선택해 보고 아니다 싶으면 안 하면 그만입니다.

자기주도적 삶을 위한 실천방안!

> 모든 선택은 성장의 일부입니다. 고민하지 말고 자신의 직감과
> 가치를 따라가 보세요. 그 선택이 실패할지라도 나를 더 강하게
> 만들어줄 기회일 뿐입니다.

나만의 페이스 유지 방법

어떤 목표를 가져도 상관없다. 중요한 것은 애초에 목표가 다른 타인의 속도에 맞춰 달리지 않는 것이다. 오로지 내 목표에 맞는, 나만의 페이스로 달리는 것이다.

강주원, 『보통의 달리기』중에서

달리기의 가장 큰 적은 나의 페이스를 잃는 것입니다. 보통 달리기에서 페이스를 잃는 경우는 옆에 달리는 사람이 갑자기 나를 앞지르는 순간 경쟁심이 생기면서 페이스를 잃곤 합니다.

달리기만이 아닙니다.
내가 생각하는 삶의 목표가 있다면 초심으로 돌아가서 생각해 보세요. 나보다 주변을 먼저 보다가 초심을 잃고 괜히 딴 곳에 집착해서 가야 할 길을 잃어버린 건 아닌지…

더디게 느껴져도, 잠시 멈춘 듯해도 다 괜찮습니다.
당신의 페이스만 유지할 수 있다면…

자기주도적 삶을 위한 실천방안!

자신의 목표에 초점을 맞추세요. 그리고 다른 사람들이나 외부의 상황에 너무 많은 에너지를 쏟아 붓지 않도록 노력하세요. 그것이 당신의 페이스를 유지하는 방법입니다.

정보는 지혜가 있을 때 통합니다.

몇 년 전만 해도 20대 학생들은 듣는 태도가 좋았다.
그런데 지금은 그런 학생이 줄고 있다. 왜 그런 것일까?
스마트 폰으로 검색만 하면 원하는 정보를 얻을 수 있으니 굳이 다른 사람에게 들을 필요가 없다고 생각하는 듯하다.
그러나 어떠한 정보든 지식이 있고, 지혜로운 사람에게 의미가 있다.
정보는 지혜로워야 통한다.

박세니, 『멘탈을 바꿔야 인생이 바뀐다』 중에서

제 주변에도 참 똑똑하긴 한데,
'왜 그런 선택을 했지?', '왜 늘 혼자지?'라는 생각이 드는 사람들이 있습니다.

그래서 Chat GPT에 물어봤습니다.
"지혜가 생기려면 뭘 해야 해?"
GPT는 질문을 쓰기 무섭게 답변이 줄줄 나옵니다.
지혜는 복합적 능력(경험, 학습, 사고력, 감정 지능 등)이기 때문에 지혜를 키우기 위해서는 새로운 경험을 쌓고, 다양한 사람들과 소통하고 타인의 의견을 존중하라고 합니다.

정보를 많이 가지고 있더라도 지혜가 부족하면
올바른 판단을 내릴 수 없고,

정보가 풍부하더라도 타인과의 관계에서 지혜가 부족하면
관계십에 문제가 발생할 수 있습니다.
정보는 지혜가 있을 때 통합니다.

자기주도적 삶을 위한 실천방안!

새로운 경험을 위해 평소 생각했던 여행을 실제 떠나보고, 취미
에 맞는 커뮤니티에 적극 참여해서 사람들과의 소통을 시작해
보세요.
그 과정을 통해 우린 너 나은 결정을 내릴 수 있고, 지혜가 쌓이
게 됩니다.

확신을 갖는 방법

된다고 생각하는 사람은 될 수밖에 없는 이유와 그 방법에만 집중해서 그것을 이루어내는 것이고, 안 된다고 생각하는 사람은 계속해서 부정적인 생각과 변명, 그리고 자신을 합리화하는 데에만 몰입하며 살게 된다.

그 결과 두 쪽 모두 지금의 모습으로 자신의 인생을 증명하는 것이다.

박세니, 『멘탈을 바꿔야 인생이 바뀐다』 중에서

살면서 확신을 가지고 '이렇게 하면 될 거야!' 또는 '이건 확실해!' 또는 '난 할 수 있어!'를 얼마나 경험하시고 살아가시나요?

1인 기업가인 저에게는 지루할 틈 없이 매번 도전이 눈앞에 있습니다.

처음엔 그 도전이 내 실패를 인정하게 될까 봐 두렵고 하기 싫었습니다.

그런데 '중간은 해야지'라는 마음으로 내가 할 수 있는 만큼으로 목표를 잘게 쪼개기 시작했고, 그리고 쪼개진 목표가 달성될 때마다 반복적인 성취감을 느끼게 되었습니다.

그러다 보니 저에게 자연스럽게 한 가지 확신이 들기 시작했습니다.

"아… 뭐든 계속 고민하고 생각하면 되는구나!"

목표를 계속 생각하고 작게 쪼개진 목표의 성공들이 반복되면 자신을 믿게 됩니다.
그리고 그것이 자신을 증명하는 데이터가 됩니다.

자기주도적 삶을 위한 실천방안!

큰 목표를 작은 단위로 쪼개고 된다는 생각을 계속해보세요.
작은 목표는 이루기 쉽고, 쉽게 성공을 경험할 수 있습니다.
작은 성공을 반복적으로 이루는 것은 확신을 갖는 가장 좋은 방법입니다.

원하는 만큼! 생각하는 만큼!

아기가 처음부터 어른처럼 서서 걸을 수는 없지만 어른처럼 서서 걷는 것을 목표로 설정하고 끊임없이 이 목표를 추구한다. 걸음을 조정하는 시냅스가 충분히 형성되었을 때 비로소 아기는 넘어지지 않고 잘 걷게 된다. 여기서 주목할 점은, 시냅스는 원하는 방향으로 발달한다는 것이다. 즉, 목표를 세우고 노력하면 그 목표를 달성할 수 있는 방향으로 시냅스가 형성되는 것이다.

황농문, 『몰입 두 번째 이야기』 중에서

20세기 천재 아인슈타인은 "나는 머리가 좋은 것이 아니라 문제가 있을 때 다른 사람보다 좀 더 오래 생각할 뿐이다"라고 늘 얘기했고, 위대한 기업가들의 공통점도 자기 일에 대해 자나 깨나 항상 생각한다는 점입니다.

자나 깨나 생각해 본 일이 있으신가요?
저는 친언니와 함께 살았던 10년이란 시간 중 약 7년을 "시크릿을 어떻게 하면 더 잘할 수 있을까?"에 대해 거의 매일 아침 2시간 동안 이야기했던 거 같습니다.

"매일 뭐가 그렇게 할 얘기가 많냐?"라고 할 수 있지만 정말 끝도 없이 새로운 이야기가 쏟아져 나왔던 것 같습니다.

원하는 일이 있다면 명확한 목표를 세우고 그 일을 '어떻게 해낼 수 있을까?'를 자나 깨나 생각해 보세요. 그렇다면 당신의 시냅스가 그 방향으로 형성되어 목표를 이룰 수 있게 도와줄 것입니다.

자기주도적 삶을 위한 실천방안!

결과와 상관없이 자신의 양심 앞에서 '나 진짜 열심히 최선을 다했다.'라는 말이 나오도록 몰입해 보세요.
아기만 시냅스가 형성되고 발달하는 게 아닙니다.
성인이 되어도 시냅스는 계속 변화하고 적응합니다.

몰입의 진입장벽

몰입도를 높이는 것은 가파른 산을 오르는 것처럼 힘들고 괴롭다.
일상에서 창작의 세계로 들어가기까지는 대기권을 통과하는 것과 같은
진통을 겪게 된다.
하지만 오르고 나면 그 다음 부터는 높은 산에 올라 산등성이를 타는 것
처럼 일이 쉬워진다.

황농문, 『몰입 두 번째 이야기』 중에서

가끔 "나 성인 ADHD 아니야?"라고 말하는 때가 있습니다.

몰입에도 진입장벽이 있다고 하는데 저는 일상생활 속에 수
많은 몰입 진입장벽 느낍니다.

한 가지 일을 하는 동안에도 다음 해야 할 일이 생각나거나,
갑자기 지난번에 딸의 학교 공지 사항 알람톡을 제대로 안보
고 넘긴 게 생각나거나, 부모님의 음력 생일 날짜가 갑자기
떠오르거나, 빨래 건조기를 안 돌린 것이 갑자기 생각이 납
니다.

자신의 몰입을 방해하는 요소가 있다면 무엇인지 확인하세요.

명확하게 우선순위를 정하고 몰입할 수 있는 환경을 만드세요.

그리고 한 가지 일을 계속할 수 있도록 연속된 시간을 확보하는 것이 중요합니다.

자기주도적 삶을 위한 실천방안!

저는 집중하는 일을 시작할 때 아쿠아마린의 '독서산책'이란 음악을 틀고 시작합니다.

몰입에 방해가 되는 스마트폰, 컴퓨터 등의 전자기기의 알림을 끄고, 집중할 수 있는 자신만의 환경을 만들어보시길 추천합니다.

어디서나 통하는 마법의 말

다른 사람의 기분을 상하게 하거나 적개심을 불러일으키지 않으면서 다른 사람의 마음을 바꾸고 싶다면, 네 번째 규칙은 다음과 같다.
직접 명령을 내리기보다는 질문을 하라.

데일 카네기, 『데일카네기 인간관계론』 중에서

누구나 명령을 좋아하지 않습니다. 가족도 예외는 아닙니다. 저는 몇 년 전부터 말투나 단어에 민감한 남편과 딸에게 부탁도, 명령도 하지 않고 질문을 하기 시작했습니다.

"쓰레기 좀 버려~"를 "쓰레기 좀 버려줄 수 있어?" "물 좀 가져다줘~"를 "물 좀 가져다줄 수 있어?" "빨래 좀 돌려~"를 "빨래 좀 돌려줄 수 있어?" 부탁하고 지시하고 싶은 말에 "~해 줄 수 있어?"만 붙이면 됩니다.

이 방법은 행동하는 사람한테 주도권이 옮겨지면서, 상대의 자존심을 지켜주며 협조하고 싶게 만듭니다. 이 방법은 가족만이 아닌 어디서나 통하는 마법의 말이기도 합니다.

자기주도적 삶을 위한 실천방안!

마법의 말들을 대화중에 많이 사용해 보세요. 상대를 존중하고 체면을 세워준다고 해서 내가 낮아지는 게 아닙니다.
내가 쓰는 말은 결국 나를 어떤 사람인지 드러나게 합니다.

자기화한 것만 내 것이 됩니다.

유튜브에서 '어떤 상황에서 이런 표정으로 특정 단어를 사용하니까 엄청 웃기네?'
라고 순간의 생각을 했다면, 이것은 유튜브 영상을 자기화한 것이다.

김익한, 『거인의 노트』 중에서

'365 커뮤니티' 활동을 하다 보면 많은 분과 대화 할 기회가 생기는데, 대화하다 보면 그 사람의 고민이 발견됩니다.
그 고민이 공감되면 그 고민을 함께 해결하기 위해 깊이 생각하게 됩니다. 그러다 보면 어느새 자기화 과정을 통해 나의 일이 되어있고, 그 고민이 해결됨과 동시에 나의 경험치는 급속도로 동반 상승 됩니다.

자기화는 사전적 의미로 '자신의 것을 만드는 것'입니다.
책을 읽더라도…, 누군가와 대화를 하더라도…, 드라마를 보더라도… 순간순간 생각들을 의식적으로 자기화해 보세요.
자기화한 것만 내 것이 됩니다.

자기주도적 삶을 위한 실천방안!

책을 읽을 때 공감이 가는 부분이 있다면 책 읽기를 잠시 멈추고 밑줄을 긋고, 왜? 공감이 가는지 내 일상의 경험과 매칭시켜 생각해 보세요. 책을 읽으며 생각하는 습관을 들이다 보면, 책을 흘려보내는 것이 아니라 완벽히 자기화할 수 있습니다.

PART IV

휴먼 감동 디자이너

"생이란 멋진 그림 한 폭을 완성하기 위해
'함께'라는 진정한 프로젝트를
실천하고 있습니다."

문미라 작가

오늘의 승자

전체적인 소득 수준이 높아졌고, 삶에 대하 기준이 올라갔고, 기술이 발달했고, 이 모든 것이 풍요한 삶을 가능케 할수록 우리는 더 나은 삶을 희망하고 욕망합니다.

송길영, 『그냥하지 말라』 중에서

어느 할머니의 인스타 영상이 참 많이 기억에 남습니다.
마지막의 웃는 자가 승리하는 건 줄 알았는데
자주 많이 웃으며 지내는 사람이 승자라고요.

삶의 추억을 곱씹으며 행복을 지속시켜 주는 그것.

이제 여행을 떠납니다.

자기주도적 삶을 위한 실천방안!
나를 행복하게 하는 것이 뭔지 찾아보세요.
웃을 수 있으면 그게 다입니다.

순간순간이 모여 내가 된다.

예전에는 경력위주의 잘 설계된 포트폴리오를 보여줬다면, 이제는 내 일상을 담은 인생의 포트폴리오를 만들어서 전달하기 시작했습니다.

송길영, 『그냥하지 말라』 중에서

문득 현 시대를 살아가는 우리들은 참 피로도가 높겠다는 생각이 듭니다.

한 때 잘못된 행동이 물의를 일으키고 오랫동안 삶에 치명타를 입히는걸 보게 됩니다.

순간순간 대충 지내고 싶을 때도 있겠지만 모든 행동에는 명분과 이유가 뒤따라야하고 설명할 수 있어야 합니다.

그러기에 매순간 고민과 선택의 연속입니다.

자기주도적 삶을 위한 실천방안!
내 삶은 내가 주도해야 합니다.
내가 행복할 수 있는 선택을 하십시오.

새로운 현상을 만드는 힘

당신은 오늘이 최고의 날인 것처럼 느낄 필요는 없다.
그저 그런 것처럼 행동하면 된다.

개리 비숍,『시작의 기술』중에서

인생은 기준과 기대를 정해 놓을수록 실망의 연속입니다.
기대에 못 미친 자기 자신에게 실망하지 말고
여기까지 온 당신 스스로를 칭찬하세요.

오늘 나의 움직임은 미래의 나를 흔드는 일입니다.

자기주도적 삶을 위한 실천방안!
나를 사랑하는 말을 많이 쓰세요.
무의식 속에서 하는 혼잣말이 인생을 결정합니다.

시작은 나로부터!

완벽한 기분이란 없다. 생각 밖으로 나와라. 삶 속으로 뛰어들어라. 당신의 삶이 달라지기를 바란다면, 당신이 그렇게 만들어야 한다.

개리 비숍, 『시작의 기술』 중에서

언제나 그렇듯 각본에 짜여진 듯 계획대로 모든 일이 되지 않습니다.
어제도 그랬고 오늘도 역시, 꿈에도 생각하지 못한 일을 겪고 있습니다.

내가 하겠노라 마음먹은 대로 이룰 수 있게 하는 키는 나에게 있습니다.
하고자 한다면 될 것입니다.

완벽한 때를 기다릴 필요는 없습니다.
내가 시작하는 지금이 그 때입니다.

자기주도적 삶을 위한 실천방안!

하고 싶은 일이 있나요?
도전의 첫 걸음을 오늘 바로 내딛어 보세요!
지금 이 순간이 가장 근사한 모습입니다!

마음 둘 곳

주변에 '똑바로 해!' '이것밖에 못해?'라고 채찍질하는 사람은 있어도 '잘하고 있어. 그리고 이런 방향도 있어'라고 위로하고 공감해주는 사람은 많지 않았던 것 같아요.

옥성아, 채한얼, 『다정하게 무해하게, 팔리는 콘텐츠를 만듭니다』 중에서

우리는 매일매일 수도 없는 선택을 하지만 정답이 없습니다. 사칙연산에 의해 딱 떨어지는 그런 정답이 있는 선택은 없다는 겁니다.

숨 가쁘게 현시대를 살아가는 사람들은 수없는 갈림길에서 스스로 결정하고 감내하고 아프게 깨닫고 힘들게 성장해 가고 있습니다.

그들에게 필요한 건 사칙연산의 정답보다 위로와 공감일 것입니다.

자기주도적 삶을 위한 실천방안!
귀 기울여 경청해주세요.
내가 주체인 동감보다 상대에게 집중하는 공감의 경청을…

꼰대와 스승

"이럴 땐 그냥 들어주면 안 돼? 그냥 힘들었겠다, 해주면 안 되냐고!
나도 어떻게 해야 하는지 다 알고 있다고!"

옥성아, 채한얼, 『다정하게 무해하게, 팔리는 콘텐츠를 만듭니다』 중에서

아이들이 고민을 이야기하고 속상했던 걸 말할 때면 해결책을 생각해내려 머리는 평소보다 아주 빠르게 돌아갑니다.

그러다보니 "왜 그랬니?", "이렇게 했어야 했네!"라는 말이 먼저 나가기도 합니다.

결국 아이들에게 듣게 되는 말은 그냥 들어 달라는 원망 섞인 말뿐입니다.

나와 다름을 인정하는 것, 내가 꼭 옳은 것만은 아니라는 것을 인정하는 것. 그것이야 말로 올바른 소통의 시작이 될 것입니다.

자기주도적 삶을 위한 실천방안!

상대가 원하는 공감의 방식을 찾으세요.
내가 아끼고 사랑하는 사람들을 배려하는 방법입니다.

·······
평등이란 거짓이다.

선택에 의해 삶의 모습이 결정되기 시작할 때 가장 중요한 질문은 이것이다.
"어떻게 하면 좋은 선택을 내릴 수 있는가?"

게리 켈러, 제이 파파산, 『원씽 THE ONE THINK』 중에서

성공하는 사람들은 언제나 뚜렷한 우선순위를 가지고 일합니다.
저마다의 이유로 중요한 일의 순서가 다를 수는 있겠지만요.

여기서 한 가지, 모든 선택은 성공을 위한 선택이어야 한다는 걸 명심해야 합니다.

내가 지금 목표한 일에 어떤 선택이 더 도움이 되는가?!
무엇이 더 우선인가?!

자기주도적 삶을 위한 실천방안!
눈앞에 펼쳐진 생존 목록(집안일 등등)을 잠시 내려두고 카페로 나가 오롯이 나에게 집중합니다.
내가 무엇을 원하는지 들여다보며 성공 목록을 작성해 보세요.

위대함을 위한 변화의 시작

완전히 성숙한 것을 처음부터 손에 넣을 수는 없다. 당신이 손에 넣을 수 있는 것은 작은 것과 그것을 크게 키울 수 있는 기회뿐이다. 완전히 성숙한 것을 처음부터 손에 넣을 수는 없다. 당신이 손에 넣을 수 있는 것은 작은 것과 그것을 크게 키울 수 있는 기회뿐이다.

게리 켈러, 제이 파파산, 『원씽 THE ONE THINK』 중에서

습관은 습관 위에 쌓이고 성공도 성공을 바탕으로 이루어집니다. 성공을 목표로 가는 과정은 그리 거창해 보이지 않는 일들과 귀찮은 일들로 가득합니다.
그런 일들을 해낼 때 축적되는 지식과 가속도가 습관이 되게 합니다.

당신의 매순간, 매일, 매달 단 하나의 목표를 위한 질주가 남다른 결과를 가져다 줄 것입니다.

지금 바로 시작하는 작은 행동이 나를 크게 만들어 낼 것입니다.

자기주도적 삶을 위한 실천방안!

다이어트를 위해 한 가지를 선택해야 한다면? 영어 공부를 위해 한 가지를 선택해야 한다면? 정서적 안정을 위해 한 가지를 선택해야 한다면? 목표가 정해졌다면, 내일 말고 오늘부터 입니다.

가치의 가격

기업 생태계에 관여하는 다양한 이해관계자들(주주, 종업원, 소비자, 협력업체, 지역사회, 그리고 그들이 살아가는 환경 등)의 가치가 경영에 반영되어야 한다.

경영 패러다임의 전환이 필요하다는 말이다.

신현암, 전성률, 『왜 파타고니아는 맥주를 팔까』 중에서

요즘 소비자들은 자신의 소비를 통해 신념과 가치를 드러내는 미닝 아웃(Meaning Out)의 움직임을 보입니다.

기부 상품을 소비하고, 편리보다 환경을 위해 텀블러를 사용합니다.

'돈쫄내자'며 마인드 좋은 자영업자를 위한 가치소비 독려현상까지 보입니다.

환경을 생각하고 사회에 공헌하고 남다른 복지를 펼친다는 꽤 괜찮은 기업들의 이야기를 듣곤 합니다.

'모두가 오랫동안 같이 잘 살자'는 가치가 기업의 모든 활동에 반영되고 있습니다.

기업의 이익만을 추구했다가는 생존 자체가 불가능한 시대가 오고 있는 것은 분명합니다.

소비자와 함께 '부의 공동체 실현'을 꿈꾸는 마인드를 가진 기

업 오너가 있다면 기꺼이 그 브랜드의 소비를 선택하시겠습니까?

위기의 순간에도 일관성 있는 원칙을 고수하는 브랜드가 있다면 주저 없이 선택하시겠습니까?

나의 답은 Yes입니다.

자기주도적 삶을 위한 실천방안!

환경문제가 심각하게 대두되고 있는 요즘!
내가 할 수 있는 첫 번째는 조금은 똑똑하고 현명하게 소비재를 선택하는 것입니다.
환경도 나도 지킬 수 있는 멋진 가치를 실현하는 똑똑한 소비자가 돼보시죠.

재미까지 더해진 일의 지속성

힘들 때 도와주는 것이 진정한 친구이지 않은가. 이익이 줄어든다고 해서 바로 손해 보는 것은 아니다. "브라우니를 만들기 위해서 고용하는 게 아니라 고용하기 위해서 브라우니를 만든다."

신현암, 전성률, 『왜 파타고니아는 맥주를 팔까』 중에서

평범한 삶이 심심해서 재미를 찾자고 시작한 아이스크림 사업에도 대의명분이 담깁니다. 인종차별을 반대하는 아이스크림 네이밍과 우리 사회의 삶의 질을 높이고자 하는 사회적 사명까지 실천하는 지속성 덕분에 기업 가치는 상승하고 높아집니다.

심지어 아이스크림에도 철학이 담기는데…

처음의 원칙을 지키고 소비자 관점에서 바라보기를 선택한 기업의 일관성 있는 행보가 지속성 있는 성공을 만들어 가고 있습니다.

고객과 함께 멀리갈 수 있는 기업도 반드시 더 할 것은 초심일 것입니다.

✒ 자기주도적 삶을 위한 실천방안!

가정에서도 서로에 대해 초심을 기억해야 합니다. 건강한 게 어디야, 지금도 잘하고 있지 뭐! 더 바라기 전에 가졌던 초심, 감사하는 마음… 꼭 기억해야겠습니다.

삶이 깃든 애정템

소비자는 평소 아끼고 좋아하던 브랜드가 위기에 처했을 때, 휙 돌아서는 것이 아니라 다소 손해를 감수하더라도 마지막 순간까지 브랜드를 지켜내기 위해 노력하기도 합니다.

김지헌, 『마케팅 브레인』 중에서

예전에 즐겨먹던 음식, 즐겨 찾던 매장을 보거나 자주 썼던 용품들을 볼 때면 그때 그 시절로 돌아가곤 합니다.

아이들과의 추억, 그 시절 행복했던 순간들을 오래도록 꺼내보고 싶은 마음에 그 브랜드가 그리고 그 매장이 오래가길 바라기도 합니다.

구매가 편리해야 하고 가치가 있어야 하고 나를 보여줄 수 있는 멋진 브랜드여야 하는 것도 필요하지만 존재만으로도 추억이 되고 감사한 브랜드라면 지킬 이유는 충분하다는 생각이 듭니다.

자기주도적 삶을 위한 실천방안!

오래 간직한 물건에서 의리를 느끼기도 합니다. 그때를 떠올리며 잠시 힐링의 시간도 가져봅니다. 오늘 하루 어린 시절 가장 좋았던 장소로 나를 초대하기! 어때요?!

지속 가능한 관계를 만드는 법

마케팅의 본질은 '판매'가 아닌 '관계'입니다.

김지헌, 『마케팅 브레인』 중에서

관계마케팅이라는 말을 자주 듣게 됩니다.
동네에서 누군가가 개업을 하면 가서 팔아주고 사주는 그런
소비를 떠올렸습니다.

브랜드의 성패가 커뮤니티에 의해 좌우된다고 해도 과언이
아닐 만큼 '찐매니아'란 공동체의 힘이 중요시되고 있습니다.

애정으로 시작되어 관계의 중심에 있는 브랜드는 단순한 소
비재를 뛰어넘어 삶을 이어갈 철학이 되기도 합니다.

지속 가능한 관계를 위해 무엇을 해야 하는지, 커뮤니티의 일원
으로 난 어떤 지속성의 힘을 갖고 있는지 점검해보게 됩니다.

자기주도적 삶을 위한 실천방안!

못하는 걸 남들만큼 하려고 따라가기에 바빴던 삶이었다면, 나
의 장점을 살리는 방법도 찾아봅시다. 내가 잘하는 걸 찾아서
더 잘해냄으로 커뮤니티의 빛나는 일원이 되어 보는 것.
멋진 관계를 이어 갈수 있을 것입니다.

아이와 친구 되기

겸손한 질문을 던지기 위한 핵심 조건은 어떤 일이 일어났을 때 이유를 궁금해 하는 것이다.
무엇을 물을 것인가, 언제 물을 것인가, 어떻게 물을 것인가.

에드거 샤인, 피터 샤인, 『리더의 질문법』 중에서

"엄마는 왜 듣지도 않고 그렇게 말해?"
아이가 다쳤다고 했을 때 조심했어야지 라는 말이 먼저였던 것 같습니다.

"아팠겠다."는 공감을 빠뜨린 채 질문의 탈을 쓴 지적만 있었던 거죠.
이런 뒤로는 한동안 아이와의 대화가 없어지고 소통이 꽤나 어렵습니다.

"요점만 간단히"는 때에 따라 큰 기회를 놓치거나 사람과의 거리를 멀어지게도 합니다.

✒ 자기주도적 삶을 위한 실천방안!

마음에 관심 갖기!
왜 저 말을 하는지, 왜 저런 표정인지,
내면의 소리에 귀 기울이세요!
놓치고 있던 부분들이 보이면 관계는 원만해 질 것입니다.

우리에 집중하기

겸손한 질문을 배우는 것은 빨리 달리는 법을 배우는 것이 아니라 신중하게 관찰하고 상황을 온전히 파악하여 바통을 떨어뜨리지 않을 만큼 충분히 속도를 늦추는 법을 배우는 것이다.

에드거 샤인·피터 샤인, 『리더의 질문법』 중에서

빠르다고 빠른 게 아니고 느리다고 느린 게 아닙니다.

뉴질랜드가 한국보다 3시간 빠르지만 빠른 게 아니고, 25세에 CEO가 됐지만 50세 사망한 것과 50세에 CEO가 되고 90세까지 살았다는 것은 다르다는 것입니다.

마케팅은 개개인의 작은 도전이 엄청난 시너지를 낼 수 있기에 팀 구성원들의 좋은 관계 맺기에 절대 시간이 필요하고 소홀함이 없어야 한다는 것을 기억해야 합니다.

관계 맺기에 집중해서 진솔함과 신뢰를 먼저 쌓아간다면 이런 시간 투자로 늦어진 게 결코 느린 게 아니라는 겁니다.

믿음을 바탕으로 과제를 더욱더 효과적으로 달성할 수 있는 집단적 노력의 속도는 충분히 더 끌어올릴 수 있을 것입니다.

✒️ 자기주도적 삶을 위한 실천방안!

서로의 다름을 인정합니다.
비교하기보다 각자의 장점을 부각시킬 수 있는 세심한 정성과 겸손한 배려로 남들과는 다른 속도를 올려보면 어떨까요.

일상 속에서 행복 찾기

기계들은 우리의 집안일을 대신 해준다. 하지만 한때 우리 일상을 가득 채우던 자잘한 일을 기계가 해주는 순간이 쌓여 시간이 흐를수록 우리 능력이 약해지지 않을까? 우리의 인간성도 약화될까? 이는 충분히 두려워할 만한 일이다. 하지만 충분히 낙관할 만한 이유도 있다.

클리프 쿠앙, 로버트 패브리칸트, 『유저 프랜들리』 중에서

얼마 전 이사하면서 식기세척기와 음식물처리기, 빨래건조기를 들여 놓은 걸 제일 잘한 일이라며 자주 이야기합니다.
시간이 절약되어 그 시간에 다른 걸 할 수 있다면서 말이죠!
각자의 스케줄대로 TV, 스마트폰, PC와 함께하는 시간의 증가… 대화가 줄어드는 것에 아쉬운 생각이 듭니다.
생활에 편리를 더하는 기계들과 가전제품들이 늘어나고 있습니다. 편리함이 더해지는 만큼 잊혀져가고 잃어가는 것이 생기는 건 당연한 일입니다.

아이들과 보낼 수 있는 시간에 무엇으로든 함께 채운다면 기꺼이 추억할 수 있을 것입니다.

자기주도적 삶을 위한 실천방안!
편리함 덕분에 생긴 여유시간에 5분 산책하러 가기!
함께 30분 책보기! 의무적으로 가족과의 시간 갖기!

느껴진다면 공감

공감 능력이 있기에 우리는 직접 경험의 한계를 넘어설 수 있다.

클리프 쿠앙, 로버트 패브리칸트, 『유저 프랜들리』 중에서

언제부터였는지 모르겠지만 누군가를 알게 되면 그 사람의 가족관계, 고향, 직업 등이 그냥 궁금해졌습니다.

자연스레 호구조사를 하는 게 상대를 알기 위해 어느 순간 생겨난 버릇 같습니다.

다양한 문화, 배경, 관점을 가진 수많은 사람들과 상호작용하며 살아가는 요즘, 소통과 공감은 서로를 이해하기 위한 핵심 원칙입니다.

그 사람을 온전하게 인정하기!

성격유형검사로 다 가능할 순 없지만 그 범주 안에서 그를 이해하면 소통도 공감도 가능해집니다.

서로를 인정하고 응원하고 지지하는 것이야말로 글로벌 공동체를 살아가는 우리에게 더더욱 필수 덕목이 되었습니다.

자기주도적 삶을 위한 실천방안!

공감하려고 노력하며 귀 기울여 들어보세요. 대안 없는 비판으로 나와 비교하기보다 그들의 상황과 배경을 존중해 보세요. 방향성을 제시하며 함께 논의하는 협력관계가 될 것입니다.

나를 들여다보기

"우리에게 3년은 너를 만나서 행복한 시간으로 남아 있는데 너에게는 후회의 시간이었다고 하니 조금 슬프다."

박지현, 『참 괜찮은 태도』 중에서

여성으로서 임원이나 대표 등 꽤 높은 자리에 올랐다는 찬사의 뉴스를 종종 듣곤 합니다. 다른 할 일도 정말 많았을 텐데 일까지 잘해낸 것이 정말 대단하다 싶어 절로 박수가 나옵니다.

주변에도 엄마의 역할을 잘해내는 사람, 직장의 일원으로 성공해 가는 사람, 자식의 역할에 충실한 효자들이 참 많습니다. 인생은 1인 다역의 역할극 같습니다. 엄마, 딸, 며느리, 아내, 직장인으로서의 역할에 충실하려 고군분투합니다.

그러나 그 역할을 맡기 전에 난 그냥 나였습니다.

잘나가는 친구가 명함 속 그 위치가 되기 전 모습일 때부터 좋았던 것처럼 내가 나를 사랑하는 데는 내가 무엇을 하는지 어떤 지위를 가졌는지는 중요하지 않습니다.

세상의 잣대로 보지 않고, 지금 내가 좋아하고 잘하는걸 알아봐주는 것만으로도 나는 나를 챙기고 보듬는 것이 됩니다.

✒ 자기주도적 삶을 위한 실천방안!

사랑이란 상대가 귀찮아하는 것을 내가 기꺼이 대신 해줄 수 있는 거랍니다. 누군가를 위해 내가 기꺼이 했던 일들을 나를 위해 해주세요. 세상에 하나뿐인 내가 주인공입니다!

그때도 알았더라면…

소중하지만 늘 곁에 있어서 당연하다고 생각했던 것들을 당연하게 여기지 않는 연습, 어쩌면 지금 나에게 필요한 것은 그게 아닐까.

박지현, 『참 괜찮은 태도』 중에서

지금 알고 있는 것을 그때도 알았더라면

- 킴벌리 커버거

반성과 자책과 후회의 끝에 늘 생각나는 시구절입니다.
덕분에 성장하고 발전하는 계기가 되기도 합니다.

영원할 것 같던 건강도 지키지 않으면 무너져 내리고, 가족과의 시간도 참 속절없이 흘러갑니다. 당연한 걸 당연하게 여기지 않아야 매 순간이 감사하고 소중하게 여겨질 것입니다.

시간은 기다려주지 않는다는 이 말은 참 가슴시린 명언입니다.

자기주도적 삶을 위한 실천방안!

나 스스로를 돌보고, 가족들을 맘껏 안아주고 사랑한다 말할 겁니다. 알아차렸을 때 그래도 잘 해왔다고 생각하도록 말이에요. 잘하고 계신가요?

끝까지, 될 때까지

"끝까지, 될 때까지 해내는 사람이 승자라는 의미로 적었어요. 그날 그 스타트업의 싸늘한 공기를 잊고 싶지 않았어요. 그 싸늘함이 언제든 내게 닥칠 수 있다는 것을 기억하고 싶었어요. 살아남고 싶다. 끝까지 포기하지 않겠다. 적당히 열심히, 어느 정도 하는 것에 만족할 수 없다. 그런 의지를 가다듬었죠."

정경화, 『유난한 도전』 중에서

코로나 위기와 그 이전 IMF위기로 수많은 회사들의 존폐를 뉴스로 접했었습니다.
지금도 수많은 회사와 기업들이 오픈과 클로징을 반복하고 있을 것입니다.

누구에게나 일어날 수 있는 일이란 걸 겪어보니 다시는 반복하고 싶지 않다는 생각뿐입니다.
그런 지금, 왜 실패는 성공의 어머니라고 했는지 알 것 같습니다.

원인을 더욱 적나라하게 파헤치고 분석하여 적용하며 다시는 뼈아픈 좌절이 없기를 바라봅니다.

"위기 속에 기회가 있다."

준비된 자에게 기회가 주어진다는 말을 아주 크게 경험하고 있습니다.

준비하고 도전하며 간절히 바란다면 상상 그 이상의 결과를 얻게 될 거라 굳게 믿습니다.
그러니 믿고 도전하세요!

자기주도적 삶을 위한 실천방안!

반드시 해낸다!
될 때까지 하겠다, 해내겠다는 다짐과 목표를 진심으로 가져보세요.
정말 이루어집니다.
그 한 번의 경험이 새로운 도전의 원동력이 되어줄 것입니다!

팀의 파워

개인의 목표보다 토스팀의 미션을 우선한다. 토스 팀원은 개인보다 소속 팀, 소속 팀보다는 토스 팀의 미션 달성을 우선순위에 둔다.
이들이 서로 같은 목표를 추구할 때 더 강력한 조직이 됨을 기억한다.

정경화, 『유난한 도전』 중에서

개인의 잘남보다 팀웍이 중시되는 시대입니다. 서로의 강점이 모아지면 시너지의 결과값은 실로 어마어마해집니다.
결국 서로 통하는 사람들이 모여 이룬 커뮤니티가 그 답이란 생각이 듭니다. 공통의 관심사로 뭉친 사람들로 인해 문화가 만들어지고, 그 안에서 소통이 원활해지면 소비든 모임이든 자발적 행동으로 이어집니다. 이를 경험한터라 더욱 커뮤니티가 대세라는 걸 느낍니다. 고객은 기대조차 못하는 '미친 만족감'을 위한 커뮤니티 활성화 노력이 계속된다면 시장경제에 부합하며 성장할 것입니다. 그 팀의 커뮤니티는 차별화 될 것이며, 비교 불가한 업계 탑이 될 거라 확신합니다.
커뮤니티 안에서 얼마나 잘 소통하는 사람이 되어야 할지 스스로 고민이 필요한 때입니다.

자기주도적 삶을 위한 실천방안!

나와 팀의 목표를 위한 내 가치를 살펴보세요. 내 일이 아닌 일까지 도맡아 하는 것과는 다르게 업무 퀄리티를 높이며, 새로운 성과 창출에 도전해보는 건 어떨까요? 나의 성장을 위해서도 필요합니다.

선택과 집중

관심 영역이 세분화되어 있어서 같은 분야라고 할지라도 관심 없는 부분은 아예 접근하지 않는다. 자신이 관심 있는 부분에만 완전히 몰입하는 것이다.

노준영, 『알파세대가 온다』 중에서

언제나 어디서나 선택과 집중은 필수입니다.

몇 년 전 출간된 '강점혁명'이란 책에 나온 지금의 시대는 직장에서 업무 배치 등을 결정할 때 '개인의 강점'을 파악하여 배치함으로써 최고의 역량을 발휘할 수 있도록 한다는 걸 알게 되었습니다.

다재다능한 사람이 인정받는 시대를 지나, 지금의 Z세대(1990년대 중반~2009년생)와 알파 세대(2010년 이후 출생)들의 행보는 강점 하나를 선택하고 집중하며, 젊은 CEO가 되기도 하고, 다양한 분야에서 이미 성공자로 자리매김하고 있다는 걸 볼 수 있습니다. 팀원들의 강점을 찾아내서 유감없이 발휘하게 협력한다면 상상 이상의 성과를 낼 것입니다. 자신의 강점을 가정과 인간관계에도 적용해서 바라던 삶에 좀 더 가까워 질수 있지 않을까요?

자기주도적 삶을 위한 실천방안!

나의 강점을 표현해 보세요. 내가 좋아하는 것, 내가 제일 잘하는 것, 그리고 진짜 하고 싶은 것! 많은 기회가 소나기처럼 쏟아져 내릴 것입니다.

고기도 먹어본 놈이 먹는다.

제품이나 서비스를 미리 사용해보고 선택할 수 있는 경험을 제공한다.
이 방법은 알파 세대에게 매우 필요하고,
앞으로도 핵심적인 마케팅으로 자리매김할 것이다.

노준영, 『알파세대가 온다』 중에서

"써보고 결정하세요!!"

그래도 그렇지 이미 썼는데 어떻게 마음에 안 든다고 반품을 할까 싶어서 요모조모 따져보며 신중히 선택하고 쇼핑하는 나는 40대입니다.

얼마 전 지인에게 필요한 제품이 있어 나의 후기를 기반으로 추천해 주었는데, 구매 결정에 꿈쩍도 하지 않다가 결국 여행지에서 본인이 직접 경험해 보고서야 구매를 결정한 그녀는 20대입니다.

온라인 사이트의 리뷰 수로 구매 결정을 이루던 시대는 지나가나 봅니다. 앞으로의 세대는 직접 체험한 경험을 통한 구매 의지가 가장 강력한 구매 동력의 마케팅 요소가 될 것입니다.

🖋 자기주도적 삶을 위한 실천방안!

세상의 변화를 민감하게 감지하고 터득하는데, 최고의 방법은 독서입니다.
지금 읽는 책은 5년후의 나를 결정하는 일이 될 것입니다.

생각이 만들어내는 일상

당신이 생각하는 모든 것은 현실입니다.
믿어지지 않는다면 이걸 한번 생각해보세요.
뭔가 창피한 일에 대해 생각하면 얼굴이 붉어지죠.
슬픈 생각이 들면 눈에 눈물이 가득 고이고요.
여러분이 어떤 생각을 하던 몸은 그 생각을 현실로 만드느라 바쁩니다.
좋은 생각을 하면 당연히 더 좋은 신체 반응과 감정 반응이 나오겠죠.

루이스 하우스, 『그레이트 마인드셋』 중에서

'생각한대로 다 될 거 같으면, 안 되는 일이 뭐 있겠어?'
불과 몇 년 전까지만 해도 이런 생각들로 팽배해 있었습니다.
물론 바라는 일에는 간절한 기도와 염원을 하면서 말입니다.

얼마 전 회사의 환경이 바뀌면서 생각과 말의 에너지가 얼마나 강력한지 공부하면서 생각을 바꾸는 계기가 됐습니다.

멋지게 여행하는 모습을 생생하게 꿈꿨던 상상을 현실로 마주하면서, 역시 생각하는 것에서 부터 모든 일은 이미 시작된다는 것을 경험하기도 했습니다.

생각이 시작되면 이것을 이루려고 꼬리에 꼬리를 무는 일들이 이어지며 현실이 되고야 맙니다.

내 생각은 어디서 무엇으로 시작할지 단단히 지배해야 할 것
입니다.

눈곱만큼이지만 성장하기

1퍼센트 규칙은 처음부터 완벽할 수 없지만 1퍼센트는 나아질 수 있다고
말한다. 1퍼센트씩 나아지는 건 누구나 할 수 있다.
1퍼센트의 법칙은 시작의 두려움과 미루기를 해결해 준다.

루이스 하우스, 『그레이트 마인드셋』 중에서

위대함을 추구할 때 우리는 끊임없이 완벽함과 싸웁니다. 운
동 하나를 시작하려고 해도 옷과 장비부터 준비하곤 합니다.
목표한 수준까지 꼭 해내리라는 마음가짐의 정비를 먼저 해
야 하는데 말입니다.
강의, 글쓰기, 운동 등을 잘하는 사람을 보면 나도 정말 잘하
고 싶어집니다.
유튜브를 시청하며 스케이트보드 기술을 터득하는 아들을 보
면서 보고 익히려는 작은 실천이 성공의 시작이고 행동한 첫
순간은 이미 반은 성공인 것입니다.

잘하고 싶은 분야가 있으세요? 내로라하는 위대한 사람이 되
기 위해 필요한 지금 나의 1%의 노력은 무엇일까요?

자기주도적 삶을 위한 실천방안!

계속 될 나의 성장을 위한 1퍼센트의 노력, 저는 매일 책 한 장
읽기부터입니다. to be continue…

얼만큼 되고 싶으세요?

남에게 냉정한 비판의 잣대와 자격도 없는 심판의 눈동자를 굴리기 전에 자기 자신에게 먼저 분명하고 정확해야 합니다.
쓰는 단어가 인생을 만듭니다. '못했다, 어렵다'라는 단어는 대부분 안 했다는 뜻입니다.
안했다는 것을 스스로 솔직하게 인정하는 것부터 시작입니다.

박종윤, 『내 운명은 고객이 결정한다』 중에서

아침에 눈 뜨면서 더 자고 싶다는 바람으로 시작합니다.
무언가를 하고 싶다는 갈망과 해야 할 일들이 늘 공존하는 하루하루를 살아가고 있습니다.
그럼에도 불구하고 해야 할 일을 먼저 하는 실천이 선행되어야 후회보다는 만족감으로 하루를 마무리할 수 있을 것입니다.

WHY가 100이면, HOW가 100이다!!
하고 싶고, 갖고 싶고, 가고 싶고, 되고 싶은 것에 간절한 이유가 있다면 방법은 스스로 찾아내고 터득한다고 생각합니다.

성공하지 못한 사람들이 성공하는 방법을 몰라서 실패자가 됐을까요?
방법을 몰라서가 아니라는 겁니다. 결단이란 게 필요한 거겠죠.

내년에는 정말 시작해야겠고, 해내고 싶은 일에 번호가 매겨집니다. 여러분은 어떤 모습으로 변화하고 싶은가요?

자기주도적 삶을 위한 실천방안!

해야 할 일들을 쪼개고 쪼개어 써봅니다.
감당할 만한 것일 테니, 1번부터 실천하는 겁니다.
상상 속 내 모습이 어색하지 않을 거예요!

너도 할 수 있는 세상

마케팅은 '누가 더 그 지식을 많이 아나'의 게임이 아니잖아요?
전문가가 전문가인 이유는 전문적인 것들을 비전문가에게 이해시킬 수
있기 때문입니다. '아무나 할 수 없는 것을 누구나 할 수 있게 해주는 것'.
비전문가를 대상으로 하는 교육의 목표는 바로 이것입니다.

박종윤, 『내 운명은 고객이 결정한다』 중에서

한번 배워두면 평생 써먹는 배움의 길! 20대에 스노우보드 자
격증을 따서 지금까지도 활용하고 있고, 결혼하고 나서는 요
가자격증을 따서 여러 곳에서 가르쳤습니다.

이대로도 좋을 건데 세상이 변하고 있습니다. 강의 PPT를 만
들어야 하고 생소한 물리학의 세계에 접어들었습니다. 하지
만 능력자분들의 재능기부로 이해하는 게 어렵지 않습니다.
누구나 할 수 있게 툴을 만들고 시스템을 구축해 준 덕분에 이
젠 변화가 두렵지 않습니다. 배움은 두고두고 편하게 해줍니다.
이해하기 어려운 영양을 공부하고 가르치자고 마음먹은 것
역시 나와 그들의 평생 지식이 우리들의 선택의 폭을 넓혀 줄
거란 믿음이 있었기 때문입니다

자기주도적 삶을 위한 실천방안!

대단한 전문가가 되지 않고도 건강하고 행복한 삶을 영위할 수
있습니다. 우리들의 행복한 삶을 가이드 하는 마음으로 오늘도
나는 하루하루가 마케팅 그 자체인 삶이기를 소망해 봅니다.

이 또한 기회라니

현재, 지금 이 순간에 집중해보라. 과거에 시도해봤으나 실패했다고? 그
래도 괜찮다. 그게 바로 현재의 좋은 점이다.
현재는 끊임없이 다가와 우리에게 두 번째 기회를 주지 않는가?

라이언 홀리데이, 『스틸니스』 중에서

우리는 성장과 성공이라는 명목 하에 현재는 무시한 채 어떻
게 해서든 지금 이 순간을 벗어나기 위해 애씁니다.

더 나은 미래를 위해서 현재를 살아가는 우리들에게 정말 필
요한 것은 지금을 살기!
실패했음에도 불구하고 '현재'는 우리에게 또 다른 기회랍니
다. 오늘의 모습은 어제까지 삶의 성적표라 했습니다.
그저 그런 지금을 산다면 역시나 별스럽지 않은 미래가 기다
리고 있을 뿐…

현재(present)의 또 다른 의미는 지금 이 순간이 선물이라는 겁
니다.

자기주도적 삶을 위한 실천방안!

당신의 현재는 어떻습니까? 오늘의 나는 어땠습니까?
인생에 세 번의 기회만이 아니라 매일이 기회입니다.
지금은 지금뿐입니다. 지금에 충실하세요!

고요 속 외침

우리 모두는 각자의 삶속에 이러한 순간을 만들어야 한다. 정보를 제한하고 소리를 작게 줄여야 우리 삶에 일어나고 있는 일을 더욱 깊이 알 수 있다. 짧은 시간이라도 입을 다물고 있으면 마침내 이 세상이 우리에게 하려고 했던 말을, 또는 우리가 스스로에게 하고 싶었던 말을 들을 수 있게 된다.

라이언 홀리데이, 『스틸니스』 중에서

디지털 세계의 정전이었을까요? 몇 년 전 카카오톡이 전혀 되지 않았던 하루가 있었습니다. 미디어 세계에서의 잠시 멈춤이 오롯이 나와의 시간을 허락한 것 같아 되레 반가웠습니다. 나에게 집중할 수 있었던 참 귀했던 시간!

두두둑~~

길가에, 지붕에 그리고 선루프에 떨어지는 빗소리는 분명 시끄러운데도 마음이 평온해지고 고요해짐을 느낍니다.

비가 오길 바라는 내 마음으로부터 나와의 시간이 필요한 때라는 것도 인지하게 됩니다.

침묵과 고요 속 내면의 외침에 집중하기!

자기주도적 삶을 위한 실천방안!

| 디지털 디톡스 시간 갖기! 명상하기! 수면에 집중하기!

어려움 앞에선 꼰대 되기

70대인 벤의 인생 경험과 조직관리 능력, 위기 해결 방식과 동료들을 대하는 애정과 기술은 절대 녹슬지 않았습니다. 전혀 다른 사업군에서도 그의 지혜는 충분히 도움이 되었지요.

김경일, 『마음의 지혜』 중에서

'경험은 결코 늙지 않는다. experience never gets old' 영화 '인턴'의 부제입니다. 살아오며 터득한 능력과 노하우는 새로운 일을 배워갈 때도 무척이나 도움이 됩니다. 우린 살아가면서 크고 작은 문제와 어려움을 반복적으로 겪습니다. 경험에서 오는 의연함과 노련함, 담대함으로 잘 헤쳐 나가는 지혜로움이 발휘됩니다. 새로운 일을 경험하게 되면 누구나 어렵게 느끼지만 그건 어려운 게 아니라 낯선 것입니다. 낯설었던 처음의 경험에 비추어 익숙해지면 능숙해 지는 겁니다. 새롭게 시작하는 일 앞에서 해봤던 감을 찾는 일이 걱정과 두려움을 잠재웁니다. 돌고 도는 인생이라고 하니 너무 겁먹지 말고 살아온 인생경험 더듬더듬 끄집어내서 또 해내는 겁니다. 어려워봤자 거기서 거기입니다!

자기주도적 삶을 위한 실천방안!

'그래 봤자 내가 아는 맛', 이미 경험해 본 내가 아는 그 맛에도 이미 경험한 이 이론이 적용된다면 굳이 먹지 않아도 될 텐데, 그럼 다이어트도 수월할 텐데 하는 생각이 듭니다! 인생 경험자들의 조언에 귀 기울여요. 내가 모르면 누군가는 알려줄 겁니다!

사랑하는 사람과 음식을 먹는 것

1년에 100점짜리 커다란 행복 하나를 경험하는 것보다
10점짜리 행복 10개를 경험하는 것이 더 효과적이라는 것을요.
그러니 행복의 격을 조금 낮춰서라도
더 자주 행복을 누리는 것이 생존에 유리하다는 뜻이지요.

김경일, 『마음의 지혜』 중에서

언제 웃어봤는지 모르겠다는 인터뷰나 드라마 속 대사를 들을 때면 심장이 쿵 내려앉습니다.

행복해지고 싶어서 열심히 살아 가다가 '그 때가 언제쯤일까?' 생각해 봅니다. 행복해지기 위해 살아야 하는 게 아니라, 살기 위해서는 행복해야 합니다. 살기 위해, 버티기 위해, 행복해야 합니다. 그 행복감이 살아내는 힘이 돼줍니다.

아이들은 지금 행복할까? 언제 행복했을까? 행복해지기 위해 더 나은 때는 없습니다. 딸이 몇 년째 노래를 부르는 우리 가족 함께 노래방 가기, 1박 부산여행, 동네 글램핑장 가기, 아이들과 약속한 밀린 숙제 같은 일들이 생각납니다.

당신은 행복하십니까!

🖋 자기주도적 삶을 위한 실천방안!

기분 언짢을 때 어떻게 하세요? 맛있는 음식, 친구와의 수다, 게임 한 판, 드라마 몰아보기. 행복해지기! 별거 아닙니다.

주인공으로 성장하기

사회인으로서 내가 하는 공부는 학교 다닐 때처럼 누군가 범위나 분량을 정해주지도 않고 시험으로 테스트해 주지도 않는 이를 이를테면 독학이다. 뭘 공부할지, 어떻게 공부할지 스스로 선택하고 계획해야 한다.

이재은,『하루를 48시간으로 사는 마법』중에서

SNS를 하다보면 뜸해질 때가 있습니다. 매일 또는 매주, 규칙적으로 한다는 게 쉽지도 않고, 게을러지는 것이 룰도 계획도 없어서 인가 봅니다. 직업으로 선택한 인플루언서나 유튜버 같은 1인 기업가들을 보면 절로 엄지척이 됩니다. 스스로 목표를 정하고 방법을 찾고, 하나부터 열까지 꾸준함과 노력으로 이룬 게 분명하기 때문입니다. 어릴 때는 부모님이, 학교에 다닐 때는 선생님이, 사회에 나와서는 직장 상사가 길잡이가 되어주죠. 그럼에도 불구하고 모든 일의 결정과 선택은 내 몫입니다. 내 삶의 주인공이 되기 위한 셀프 리더의 길을 가고 있으신가요? 그렇다면 내 마음대로 쓸 수 있는 내 시간활용에 대한 루틴을 꼭 만들어야 합니다. 어영부영 하루, 일주일, 그러다가 한 달, 1년이 훌쩍 지나갑니다.

자기주도적 삶을 위한 실천방안!

스스로 정한 목표가 있으신가요? 운동, 공부 등등. 방학 때 짜던 생활 계획표처럼 일일시간 계획표 추천 드려봅니다. 왜냐하면 목표가 있다는 건 성장하려고 마음먹었다는 거니까요!

나만의 동백꽃을 위하여

천천히 시간을 들이고 최선을 다해서 차근차근 올라가자. 그렇게 자신만의 속도로 자신만의 길을 걸어 나가자. 끝이 보이지 않아 막막해도 더 나아갈 길이 있음에 감사하면서 계속해서 당신의 길을 걸어가다 보면 어느새 그 과정을 즐기고 있는 스스로를 발견하게 될 것이다.

이재은, 『하루를 48시간으로 사는 마법』 중에서

"세상에는 참 많은, 열심히 사는 보통 사람들이 많은 것 같습니다. 그런 분들 보면은 세상은 좀 불공평하다는 생각이 듭니다. 꿋꿋이 그리고 또 열심히 자기 일을 하는 많은 사람들이 그 분들께 똑같은 결과가 주어지는 건 또 아니란 생각이 들어서 좀 불공평하다는 생각이 드는데, 그럼에도 불구하고 실망하거나 지치지 마시고 포기하지 마시고 여러분들이 무엇을 하든 간에 그 일을 계속하셨으면 좋겠습니다. 자책하지 마십시오. 여러분 탓이 아닙니다. 그냥 계속하다 보면은 평소에 똑같이 했는데 그동안 받지 못했던 위로와 보상이 여러분들에게 찾아오게 될 것입니다. 저한테는 동백이가 그랬습니다. 여러분들도 모두 곧 반드시 여러분만의 동백을 만날 수 있을 거라고 믿습니다. 힘든데 세상이 못 알아 준다고 생각할 때 속으로 생각했으면 좋겠습니다. 곧 나만의 동백을 만날 수 있을 거라고요. 여러분들의 동백꽃이 곧 활짝 피기를 배우 오정세도 응원하겠습니다."

배우 오정세 님의 수상소감이 떠오르는 밤입니다.

자기주도적 삶을 위한 실천방안!

지금 하고 있는 일을 하려고 생각했던 가슴 설레던 그때의 초심을 기억해 보세요.

"되고자 한다면 될 것이고, 이루고자 한다면 이룰 것이다!"

잘되고 싶고 잘하고 싶을 때, 긍정에너지를 모으고 싶을 때, 외치세요!

"I can do it!!!"

선택받을 수 있는 스펙의 조건

'내가 브랜드라면 고객은 나를 선택할까?'라는 질문을 자신에게 던져보세요. 물건이나 서비스를 구매할 때 요모조모 따져본 후 결정을 내리는 고객의 입장이 되어 나를 점검해 보는 거예요. 고객이 브랜드를 선택하는 이유는 바로 그 브랜드가 제공하는 가치인데, 여러분이라는 브랜드는 어떤 가치를 통해 고객의 선택을 받을 수 있을까요??

최인아, 『내가 가진 것을 세상이 원하게 하라』 중에서

최근에 저는 매일유업으로 우유 브랜드를 바꿨습니다. 선천성 대사 질환이 있는 아이들에게 꼭 필요한 분유를 만들기 위해 20년 넘게 적자를 감수하고 있다는 이야기를 듣게 되었기 때문입니다. '나의 소비가 기업가치 실현에 조금이나마 도움이 되지 않을까' 하는 마음에 숟가락을 얹었습니다. 값이 싸서, 쓰기 편해서, 디자인이 예뻐서, 비싸도 갖고 싶어서 등의 여러 이유로 브랜드를 선택합니다. 소비의 가치가 브랜드 선택에 더해지고 있습니다. 그렇다면 나의 브랜드는 어떤가요. 어떤 브랜드가 되어야 하는지, 그 이유는 무엇인지, 어떤 가치를 생산하고 인정받을 것인지에 대한 고민이 먼저여야 할 것입니다.

자기주도적 삶을 위한 실천방안!

꾸준한 사람, 열정적인 사람, 조용하지만 강한 사람, 뭐든 다 잘하는 사람, 노력하는 사람 어떤 모습도 좋습니다.
이 모습도 계속되어야 합니다.

내 안에 사계절이 한가득

장석주 시인의 시 중 [대추 한 알]이란 작품이 있습니다.
저게 저절로 붉어질 리는 없다
저 안에 태풍 몇 개 저 안에 천둥 몇 개 저 안에 벼락 몇 개

최인아, 『내가 가진 것을 세상이 원하게 하라』 중에서

통화하다 친구가 문득 저에게 이렇게 말합니다.
"가족들 챙길 때 아이들만 보지 말고, 그 옆에 아이들 챙기고 있는 너도 한번 바라봐 줘. 그렇게 너도 널 좀 챙겨!"
순간 울컥해서 숨 한번 꿀꺽 삼킵니다.
아이들의 엄마로, 50대 가장의 아내로, 사회인의 한 사람으로도 영 만족스럽지 못해 위축될 때가 많습니다. 하지만 지금의 이 모습도 태풍과 천둥, 그리고 벼락 몇 개쯤은 견뎠으리라 생각됩니다.
나도 중고생 엄마는 처음이니까 남편과 함께 짊어지고 있는 삶의 무게는 처음이니까, 아직 배워가고 있으니까, 한 번 더 용기 내 봅니다.

그리고 잘하고 있다고 칭찬합니다.

🖋 자기주도적 삶을 위한 실천방안!
| 더 잘하려는 중이니까 괜찮습니다. 지금처럼만 해요. |

문득 찾아오는 울컥한 행복

우리는 아름다운 풍경이나 작품을 보거나 좋은 음악을 들으면 고뇌가 가라앉는다는 것을 느낀다. 예를 들어 마음을 비우고 자연의 풍경을 조용히 바라봄으로써 깊이 빠져들어 마음 전체를 채우는 상태를 말한다.

강용수, 『마흔에 읽는 쇼펜하우어』 중에서

"비를 좋아하세요, 눈을 좋아하세요?" 굵은 빗줄기가 땅에 떨어지는 소리는 제게 힐링 그 자체입니다. 펑펑 내리는 눈이 소복소복 쌓이는 걸 바라보는 건 더없이 큰 행복이고요. 비가 와서 잠시 멈춤 해야 하는 때가 있다면 비를 즐기세요. 눈이 와서 발이 묶여도 조급해하지 말고 잠시 쉬어가세요.
생각지 못한 변수를 마주하게 되더라도 다 이유가 있으려니…
자연의 경이로움을 받아들이고 감상해 보세요. 바라보는 것만으로도 마음에 평온이 찾아 든답니다. 전 그렇더라고요.
힐링 스팟, 힐링 아이템, 힐링 타임 뭐라도 좋습니다. 마음의 평온을 가져다주는 무언가가 있다면 문득문득 나도 모르는 행복을 느끼게 될 테니까요. 제게 눈과 비가 그렇 듯이요.
당신은 손꼽아 기다리는 계절이 있으세요?

🖋 자기주도적 삶을 위한 실천방안!
때때로 찾아오는 경이로운 자연의 예술작품을 눈여겨보세요.
어떤 일들의 해결책이 돼 줄 것입니다.

곱씹어 볼 오늘을 위해

현재를 과거처럼, 현재를 미래처럼 의식한다면 지금 이 순간을 더 가치 있게 즐길 수 있을 것이다. 현재는 두 번 다시 오지 않는 순간이다.

강용수, 『마흔에 읽는 쇼펜하우어』 중에서

어떤 일을 바라볼 때 비전이 있는지, 없는지…
참 많이들 이야기합니다. 스펙을 갖추고 있는지 꼼꼼히 따져 봅니다. 배우고 또 배우고 끊임없이 미래를 위한 스펙 쌓기에 여념이 없습니다.

나중을 위해 지금을 열심히 산다? 물론 좋습니다만 미래는 오늘과 또 내일의 오늘들이 모여서 만들어집니다. 미래를 위한 오늘 말고 나의 하나뿐인 오늘을 살아야 그 미래가 가치 있습니다.

성취, 합격, 성공은 찰나입니다.
여운이 긴 오늘을 사세요. 두고두고 곱씹을 오늘을요.

🖋 자기주도적 삶을 위한 실천방안!

스티브 잡스의 말처럼, "만일 오늘이 인생의 마지막 날이라면 오늘 하려던 일을 할 것인가?"
NO란 대답이 거침없이 나온다면 나의 오늘을 삽시다!

이루고 싶은 것을 이뤄지게 하기

잠재의식은 같은 차원의 주파수를 갖는 신호를 특히 잘 받아들인다.
그러므로 이른바 '자기 암시'라는 방법으로 당신의 잠재의식을 프로그램
하라. 긍정적 사고는 이렇게 작용한다. 모든 게 좋아지리라!

폴커 키츠, 마누엘 투쉬, 『마음의 법칙』 중에서

무의식의 세계까지 지배하라는 말, 첫 느낌이 어떠신가요? 내
가 의식하지 못하는 영역의 생각, 욕망, 트라우마까지 들여다
보고 이해하고 그 생각을 통제하라는 것. 어려운 어떤 상황을
마주했을 때 처음 든 생각이 '되겠어?'인데, '할 수 있을 거야!'
라고 생각한다고 해서 그게 할 수 있을까란 겁니다. 주파수,
파동, 진동, 에너지! 생소한 이야기라 공부하면서도 이해할
수는 없지만 익숙해지면서 다르게 생각하고 말하기 시작했습
니다. "잘 될 거야, 이룰 수 있어, 난 널 믿어, 해보자, 잘되고
말고!" 확신이 서지는 않아도 불가능할 것 같지만은 않은 그
세계, 믿어봅니다. 에너지는 생각을 따른다는 이론을 몸소 체
험해 가고 있습니다. 내가 꿈속에서도 바라던 잠재된 의식 저
너머의 무의식의 바람들… 1%의 의심조차 없이 내가 믿어줄
때 반드시 이뤄진다면 당신은 무엇을 바라시겠습니까?

자기주도적 삶을 위한 실천방안!

자기 암시, 확언하기! 뭐든 좋습니다. 이것들이 루틴이 되어갈 때 마음속 간절
함은 몸과 마음에 스며들어 이루려는 것에 성큼성큼 다가가고 있을 테니까요!!

마음청소

감정을 소홀히 여기면 치명적인 결과를 낳는다. 억눌려진 감정은 잠재의식에 숨어서 계속 활동하며 우리에게 영향을 줄 다른 길을 찾으려 들기 때문이다. 이런 식으로 우리 의식의 심층에 숨은 억눌린 감정은 점차 우리 몸을 병들게 만든다.

폴커 키츠, 마누엘 투쉬, 『마음의 법칙』, 중에서

"신경성입니다, 스트레스 받지 않게 하셔야 해요, 마음을 편하게 가지셔야 합니다." 아프긴 한데 속 시원한 병명이나 원인도 없이 들었던 의사 선생님 이야기. 한 번쯤은 들어보셨을 겁니다. 십수 년 전엔 의사가 잘 모르니까 하는 말일 거라고만 치부해버린 기억이 있습니다. 억압해둔 문제들과 마주하지 않은 대가는 서서히 드러납니다. 몸과 마음이 얽혀 빚어지는 질병들이 늘어만 갑니다. 왜 우울한지, 왜 피곤한지, 왜 잠을 못 자는지, 툭 하면 체하는 이유를 알 수 없었습니다. 이젠 마음과 몸이 연결되어 있다는 걸 알았습니다. 나를 돌아보고 돌보고 마음이 보내는 신호를 지나치지 말아야 합니다. 느껴지는 그 감정들을 해소할 수 있는 나의 마음 청소법을 꼭 찾아야 합니다.

🖋 자기주도적 삶을 위한 실천방안!

제일 먼저 나를 이해해보세요. 이런 나라서 미안한 게 아니라 이런 나도 꽤 괜찮습니다. MBTI로 모두를 정형화 시켜 나눌 수도 없고 더 나은 사람도, 못한 사람도 없습니다. 나를 먼저 이해하고 인정해주세요.

애써 드러내려 하지 않아도 돋보이는 사람

그들은 자신의 성공을 애써 낮추고, 자신의 약점에 세심한 주의를 기울이며, 자신을 대단한 사람이라고 생각하지 않는다.
그들은 그런 겸손함이 자연스러운 사람들이다.

마티아스 뇔케, 『나를 소모하지 않는 현명한 태도에 관하여』 중에서

SNS를 통해 참 많은 사람을 만납니다. 그러다가 유독 눈이 가는 사람들이 있습니다.

자신의 성공을 과시하거나 드러내지 않는 겸손하기 그지없는 사람, 선행을 베풀고도 숨기고 또한 몇 년씩 이어가고 있는 연예인이나 일반인을 마주하게 될 때면 다시 한번 돌아보게 됩니다.

겸손의 아이콘인 손흥민 부자. 제게는 특히 손웅정 님이 그랬습니다.

아들을 어쩜 저렇게 마인드까지 훌륭하게 키웠을까 싶어 비결이 궁금해서, 그의 가르침을 찾아 듣고 책도 보게 됐습니다.

겸손해야 한다고 가르친다 한들 가르침만으로는 어렵다는 걸 압니다.

솔선수범. 운동을 지도할 때도 본인이 더 많이 활동하며, 모든 면에서 먼저 보여주는 가르침이 있었습니다.

난 어떤 모습을 하고 있는지 자연스레 점검하게 됩니다.

난 무엇을 보여주며 이래라저래라 하고 있는지,

그의 가르침은 문득문득 나를 가슴 철렁하게 합니다.

자기주도적 삶을 위한 실천방안!

진짜 바라는 만큼 내가 먼저 해야 합니다.

이젠 먼저 행동합시다!

내가 가르치고 싶고 바라는 모습대로!

관계의 기술

믿음이 가는 겸손함은 미세한 말투와 표정, 몸짓으로도 느낄 수 있어서 애써 설명하지 않아도 세심한 사람들은 서로를 이해할 수 있다. 그래서 두 사람은 좋은 친구 사이로 발전할 가능성이 크다.

마티아스 뇔케, 『나를 소모하지 않는 현명한 태도에 관하여』 중에서

기분이 태도로 살짝 드러나려 할 때, 그 미묘한 차이를 알아채는 사이가 있습니다. 무슨 일이 있는지, 어디가 불편한지 챙길 수 있습니다. 누가 알아주지 않아도 안테나를 세우고 다니는 것처럼 주변을 둘러보는 배려.

드러내지 않아도 통하는 관계의 기쁨.
비즈니스에서도 이런 세심함과 배려가 서로에게 작용하며 월등한 성과를 내는 걸 봅니다. 개인의 능력이 두드러지는 시대라지만 함께 하는 팀의 능력을 뛰어넘기는 역부족일 것입니다.
내 에너지를 군이 소모하지 않게 하는 관계라면 무엇을 해도 잘해낼 것입니다!

자기주도적 삶을 위한 실천방안!
상대의 기분을 알아차리는 세심함을 배울 필요가 있습니다.
좋은 관계 유지를 위한 관심일 테니까요!

PART
V

행복한 라이프스타일
큐레이터

"두려움이 있었기에 도전할 수 있었고

함께라서 해낼 수 있었으며

언제나 그렇듯 처음이라서,

처음만 어렵다는 걸 알았습니다."

하미옥 작가

중간이 없어야 하는 나를 위하여

지금 내 상황에 실망하거나 불만을 품는 것은 뭔가 잘못되었다는 뜻이 아니라 오히려 '제대로' 되고 있다는 뜻이다.

그랜트 카돈, 『10배의 법칙』 중에서

인간은 완벽한 존재가 아니다. 모든 일에 성공하는 것도 아니다. 또한 항상 만족하기는 쉽지 않다.

그건 그만큼의 기대와 욕심으로 성공을 위해 나아갔다는 의미가 아닐까?

자존감이 바닥을 칠만큼 나 자신이 싫어질 때, 불만을 쏟아내는 나 자신을 볼 때, 내가 모자라거나 부정적인 인간이 아니라 나는 지금 제대로 되어가고 있다고 생각한다.

아무것도 하지 않았다면 아무 일도 일어나지 않았을 테니까.

자기주도적 삶을 위한 실천방안!

나를 가장 잘 아는 건 나 자신일 거예요. 나에게 실망했던 일, 불만이 있는 것들을 숨기려 하지 말고 표현해보세요.
나에게 칭찬을 아끼지 않는 친구, 동료와 함께요.

미리 그려보는 자화상

나는 지금도 10대 청소년이나 20대 청년들을 만나면 "앞으로 내가 50~60세쯤 되었을 때에 어떤 인생을 살게될까, 그런 자화상을 그려보라."고 얘기해요. 그 문제의식이 자기 발견의 가장 큰길이 아니었나 생각하니까요.

김형석, 『김형석의 인생문답』 중에서

스물두 살, 열여섯 살 아이들을 키우는 나는 나름의 넓은 시야를 가진 교육철학이 있다고 생각했었다.
수능이나 대학이 목표가 아닌 어떤 직업의 일을 하느냐를 목표로 가져야 한다는…

'50~60세쯤에는 어떤 인생을 살게 될까?'
나는 아이들 교육에서 더 자유롭고 지혜롭게 하고 싶어졌다.

또한 50이 코앞인 내겐 목적을 알리는 알람설정 같기도 하다.

자기주도적 삶을 위한 실천방안!

당장 이번 달 중간고사가 걱정이신 부모라면 아이에게 "공부했니?, 숙제했니?"보단 "50~60세쯤에는 어떤 인생을 살게 될까?"와 같은 질문으로 대화하는 건 어떨까요?
시험 문제풀이보다 이 문제의식으로 발견될 내 아이의 인생을 그려보게 되실 거예요.

일은 건강이다

100년을 살아보니 알겠더군요.
일하는 사람이 건강하고 노는 사람이 건강하지 못합니다.

김형석, 『김형석의 인생문답』 중에서

우리는 일하는 이유를 찾을 만큼 어쩌면 일하는 이유를 꼭 찾아 해내려는 시대를 사는 것 같다.

건강을 위한 수많은 콘텐츠가 난무하는 요즘시대에 "일은 건강이다. 건강하려면 일하라!"고 말해주고 싶다.

지금 하는 일이 만족스럽지 않더라도 괜찮다.
건강해지고 있다.

자기주도적 삶을 위한 실천방안!

하는 일도 없는데 피곤한 분!
하는 일이 없어서 피곤하고 여기저기 아프실 거예요.
무엇이든 나를 찾는 일을 해보세요.
작은 일이라도, 만족할만진 않아도 괜찮습니다.

위대하게 유난스럽게

"신은 디테일 속에 있다."라는 독일의 격언처럼, 일의 본질은 세세하고 단순한 데 있다.
일을 하려면 손이 베일만큼 완벽히 하라.

이나모리 가즈오, 『왜 일하는가』 중에서

늘 중간과 타협하는 나는 나 스스로 우유부단하다고 생각한다.

중간이 안전지대일 순 있겠지만 무언가 이루고 성공해내야한다면 턱없이 모자라다.

봉테일이라 불리는 봉준호 감독만 봐도 그러하지 않은가?

이루고 싶은 목표가 있다면, 중간이 없는 자세로 몰입할 필요가 있다.

자기주도적 삶을 위한 실천방안!

이제 그만 나 자신과의 타협에서 벗어나세요.
적당히 보다는 '유난스럽다'라는 말을 들을 때까지 몰입하고 행동해보세요.

피하지 말고 빠져들자!

"지금 일이 막히거나 방법을 몰라 고민하고 있는가?
그렇다면 그 일에 애정을 갖고, 그 일과 연관된 상황들을 꼼꼼히 들여다
보라. 그런 다음 그 일을 꼭 해내고야 말겠다고 간절히 기도하라.
일에 대한 애정만큼 유능한 스승은 없는 법이다."

이나모리 가즈오,『왜 일하는가』중에서

하던 일이 힘들어질 때 일을 그만두거나 탓하거나 혹은 기도
만 하지 않는가?

일부러 피하려할 때도 있고 안 되는 일에 대한 핑계만 찾는
나를 볼 때 더 자괴감에 빠져드는 나를 찾게 된다.
이 일을 시작할 때 설렘을 생각해본다면 얼마나 배반적인 행
동인가…

식지 않는 애정을 보여주는 동료들을 보며 이 일은 여전히 애
정 할 수 있는 일임을 깨닫곤 한다.

자기주도적 삶을 위한 실천방안!

피하려하지 마세요. 더 빠져들고 더 들여다보세요. 눈을 가리지
말고 고개를 들어 자신의 일을 들여다보세요. 제품이라면 꼭 안
고 잠들만큼 연구해보세요. 사람이라면 좋은 것만 바라봐주세요.

커뮤니티 카피라이터

"우리가 오래전 시작한 일, 진짜 활동을 하는 진짜 사람들의 사진을 이용하고 그 밑에 설명을 붙이는 일은 현재 아웃도어 업계의 모든 카탈로그와 잡지가 따라하고 있다."

이본 쉬나드, 『파타고니아, 파도가 칠 때는 서핑을』 중에서

내가 속해있는 커뮤니티에서 언젠가부터 나는 커뮤니티 추억을 사진에 담고 영상으로 기록하기 시작했다.

이것은 누구의 부탁도 아닌 자의로 시작되었다.
함께 활동하는 사람들의 실명과 밝은 얼굴을 담아내며,
진정성 있는 설명과 감정을 새기고 있다.

커뮤니티가 가장 강력함 힘이 되는 세상…

목적이 먼저가 아닌 진정성으로 담은 나의 작은 표현들은 어느새 큰 그림이 되어 가고 있다.

자기주도적 삶을 위한 실천방안!
사진과 영상, 그리고 글로 우리들의 일상과 생각을 기록해 두세요. 오늘이 더 소중해지고 앞날이 더 기다려집니다.

쉽게 사라지지 않기 위함

"나는 절제, 품질, 단순함과 같은 단어에 답이 있다고 생각한다. 성장이라면 다 좋다는 생각을 버려야 한다. 빠르게 성장하는 것과 건강하게 성장하는 것 사이에는 큰 차이가 있다."

이본 쉬나드, 『파타고니아, 파도가 칠 때는 서핑을』 중에서

코로나 이후 수많은 자기계발 서적과 콘텐츠들이 쏟아져 나오고 있다.

그 틈 속에서 성장하지 않으면 마치 도태되어지는 것처럼 느끼기도 한다. 하지만 빠르게 성장하고 빠르게 사라지기도 한다.

어떻게 하면 쉽게 사라지지 않을까?
그 답은 절제, 품질, 단순함에 있을 것이다.

급물살을 타듯 가속도를 내며 달려가는 요즘, 나는 오히려 멈춰 서서 돌아보게 된다. 이 또한 나아가기 위함일 것이다.

🖊️ 자기주도적 삶을 위한 실천방안!

거짓말은 더 큰 거짓말을 낳는다는 말처럼 성장을 위한 성장을 위해 새로운 것, 화려한 것만 생각해 내는 대신 뒤를 돌아보고 초심을 다시 생각해보는 건 어떨까요?
뒤돌아보면 나아갈 수 있으니까요!

신형구형

"시작할 때부터 현재 상황보다 더 나은 대안이 필요하다고 생각한다면, 당신은 절대 시작할 수 없다"

세스 고딘, 『트라이브즈 Tribes』 중에서

신형 차량모델을 거리에서 볼 때면 늘 먼저 드는 생각은 '에이~ 그 전 모델이 더 낫네.'이다. 하지만 조금만 시간이 지나고 나면 옛것보다 새것이 더 낫다는 생각을 하게 된다.

만약 나 같은 사람들의 의견을 듣고 불안해하고 염려했다면 자동차 회사에서는 신형모델을 출시하기 어려웠을 것이다. 시작은 그저 시작이다. 변화는 그저 변화일 뿐이다. 누구의 시선도 두려워말고 때가되면 시작하고 변화를 주자.

옛것이 좋은 것은 좋은 걸로 기억하자.
옛것이 좋으려면 새것이 있어야한다.

자기주도적 삶을 위한 실천방안!
시작부터 좋을 순 없습니다.
시작부터 옛 것을 뛰어 넘을 순 없습니다.
시작 그 자체를 성공이라고 생각하면 어떨까요?

인생은 너무 짧다. 갈망하는 일을 하자.

"다음 휴가가 언제인지 궁금해 하는 대신에, 탈출할 필요가 없는 삶을 살아야한다."

세스 고딘, 『트라이브즈 Tribes』 중에서

자는 동안에도 돈이 들어온다면, 휴가 기간에 이메일을 확인하는 일은 없을 것이다.

우리가 진정 갈망하는 일을 원하고 나의 시간과 맞바꾸지 않기를 원한다면 부족을 이끄는 리더가 되는 것을 두려워하지 말자.

역사상 그 어느 때보다도 한 개인이 가질 수 있는 힘이 커졌다. 따라서 우리는 할 수 있다고 믿어야 한다.

50주는 열심히 일해야 고작 2주간의 휴가가 주어지는 상황에서 벗어날 수 있을 것이다.

🖋 자기주도적 삶을 위한 실천방안!

매년 1월이면 달력에 빨간 날이 며칠인지 세어보기보다는 빨간 날을 시간투자로 다음해엔 더 자유로워질 수 있게 만들어보세요.

공부도 다 때가 없다!

공부는 나를 알아감으로써 나를 사랑해나가는 과정이다.

조윤제, 『다산의 마지막 질문』 중에서

'공부도 다 때가 있다'라는 말을 자주 한다.
하지만 어른공부라는 말도 있을 만큼 공부에는 때가 없고 일생을 공부하려는 사람들의 모임까지 생겨났다.
또한 공부하는 사람들 중에는 서로를 알아주는 벗을 찾기도 한다.

친구가 있다는 건, 누군가 나를 알아주지 않을 때 찾아오는 번아웃을 물리칠 가장 강력한 처방이기도 하다.
이제 여생을 나와 같은 뜻을 가진 사람들과 서로 알아주는 공부를 해 보아야 한다.

나를 사랑하기 위하여! 즐거운 공부를 위하여!

자기주도적 삶을 위한 실천방안!

공부하는 커뮤니티를 만들어보거나 소속되어 보세요.
일생에 진정한 지기이자 벗을 만날 수 있을 겁니다.
이것이 바로 나를 사랑하는 방법입니다.

나를 가장 잘 아는 나

스스로를 돌아볼 때는 눈을 가늘게 떠라.

조윤제, 『다산의 마지막 질문』 중에서

나에게 객관적이 된다는 게 얼마나 어려운가?
나를 가장 잘 아는 것 또한 나일 텐데… 남을 바꾸는 것보다
백 배 만 배는 쉬운 것이 나를 바꾸는 것임에도 불구하고 말
이다.

우리는 쉽게 남의 이야기를 늘어놓기도 한다.
잘못을 지적하기도 한다.
하지만 누군가 나를 지적하는 데는 결코 유쾌하지 않다.
늘 지적받지 않기 위해 긴장감 속에 사는 이유이기도하다.

이젠 나의 부족함을 더 세세히 살피고 바꾸어 가보자.
성찰(省察)에서 한자 성(省)은 작을 소(小)와 눈 목(目)으로 구성
되어 있다. 가늘게 눈을 뜨고 나를 먼저 성찰해보자.

자기주도적 삶을 위한 실천방안!
나를 돌아볼 땐 눈을 가늘게 뜨고 남을 들여다볼 땐 귀를 크게
열고 입가엔 미소를 지어보면 어떨까요? 어른이라면요.

누군가를 꽃으로 불러주면 그는 꽃으로 변할 것이다

사람을 기쁘게 하는 것 중에 가장 의미 있는 일이 있다. 바로 자기 삶의 의미를 깨닫고 그 가치를 높이도록 돕는 일이다. 단순히 밥그릇을 챙겨주며 삶을 영위하게 하는 것은 가장 하급이다. 특히 역량에 미치지 않는 일을 주고 힘이 부족하다고 꾸짖는 것은 결코 해서는 안 될 일이다.

조윤제, 『다산의 마지막 질문』 중에서

리더의 자리에 있으면서 부족한 리더십에 많은 고민을 한다. 나는 과연 어떤 타입의 리더이며 어떤 리더가 되어야 할까 고민한다. 리더의 가장 기본적인 역할은 나와 가까이에 있는 사람부터 기쁘게 하는 일이 아닐까? 기쁘게 한다는 의미는 그 사람의 가치를 높아지도록 돕는 일이다. 아주 사소한 장점이지만 자주 칭찬하며 그 장점을 활용할 수 있는 기회를 주는 것이다. 잘하는 것을 활용하게 되면, 작은 성취감을 자주 느끼게 되고 자신감이 높아질 것이다. 돌이켜 보니 나또한 그런 일들의 반복적으로 있었다. 평범하다고 생각했던 내 모습이 장점이 되었고, 그로인해 리더의 자리까지 맡게 된 것이다.

자기주도적 삶을 위한 실천방안!

내가 못하는 무언가를 가까이에 있는 누군가는 잘해낼 수 있습니다. 상대방의 장점을 찾아내고, 찬사와 칭찬을 아낌없이 보내주세요. 그 사람은 모르던 자신을 발견하게 되고, 기쁜 하루를 반복적으로 맞이하게 될 겁니다.

최적 단거리

인생에서 지름길은 없다. 아주 먼 길을 갈 때에는 오랫동안 단단하게 밟아나간 큰 길로 가는 것이 가장 빠르다.

조윤제, 『다산의 마지막 질문』 중에서

어떤 일을 해결할 때 우리는 지름길을 찾고 싶을 때가 있다.

더 쉬운 방법 혹은 더 옳은 방법을 찾아 많은 생각과 계산을 할 때가 있다.

운전을 배우기 시작할 때 들었던 조언이 있다. 길이 밀릴 때나 모르는 길을 만날 때는 무조건 큰 길을 가라고 했던 아빠의 말이 생각난다.

지름길을 찾아 헤매다 시간을 낭비하지 않고, 큰 길을 찾아가는 것이 가장 빠른 길인 것이다.

새로운 일, 새로운 길이 넘쳐나는 시대에 살지만 가고 싶은 길이 있다면 누군가 먼저 만들어 놓은 큰길을 따라가 보는 것도 괜찮지 않을까?

자기주도적 삶을 위한 실천방안!

내가 생각한 길이 지름길이라고 생각하세요? 내비게이션이 가르쳐준 길을 의심하지 마세요. 내비게이션 같은 멘토가 있다면 의심하지 말고 따라가 보세요. 어차피 다른 길은 갈수 없어요. 나는 둘이 아니니까요.

알고 나면 걱정보다 GO

인간에게는 어려운 일이 로봇에게는 쉽고, 로봇에게 어려운 일이 인간에게는 쉽다.

김미경 외 8명, 『세븐 테크』 중에서

인공지능과 로봇의 세상이 오면 사라질 직업군들 이야기로 우리는 수년 전부터 걱정이 유도되어 진 것 같다.

이제 걱정은 그만하고 플랜을 만들어야 할 때다.

인공지능과 로봇이 할 수 있는 일에 집중하기보다 인간이 무엇을 할 것인가에 집중해 본다.

나는 가장 인간다운 일에 집중하기로 한다.
그 중 가장 강력한 '공감능력'을 위해 더 노력해 본다.

자기주도적 삶을 위한 실천방안!

영화 〈her〉를 보면서 인간의 상상력은 참 놀랍다는 생각을 해봅니다.
영화 속 장면이 현실에 반영되기도 하니까요. 미래를 예측할 수 있는 힌트를 곳곳에서 찾아보세요. 그리고 지금 자신이 할 수 있는 일에 집중하세요. 걱정만 하지 말고요.

사표 한 장

남을 위한 직업이 아닌, 나를 위한 직업을 갖게 된다면 사람들은 내가 만들어내는 콘텐츠에 대해 궁금해 할 겁니다.

홍재기 외 5명, 『오늘도 우리는 성장하고 있습니다』 중에서

"이젠 남을 위한 회사에 나의 시간을 쓰지 않을 거야!" 어느 날 갑자기 직장인 친구가 회사를 그만 둔다고 할 때, 내가 던진 "왜?"라는 질문에 대한 답변이었다.

직장인들은 누구나 주머니 속에 사표 한 장을 두고 산다고 한다. 자신이 원하는 것을 시작할 수 있기 때문이 아닐까?

안정적인 수입에 고정되어 수많은 걱정을 갖기보다 도전함으로써 발생하는 설렘을 갖는 것이 더 행복하지 않을까?

사표를 던진 용기만으로도 그는 대단한 콘텐츠를 이미 보유한 것이다. 지금은 그 어떤 때보다 개인의 힘이 강력해졌고 개인이 펼칠 수 있는 카테고리는 무궁무진하다.

단군 이래 돈 벌기 가장 쉬울 때라고도 하니까.

자기주도적 삶을 위한 실천방안!
지금 당장이 아니어도 좋습니다. 준비하세요!
준비한 사람만이 사표를 던질 용기가 생깁니다.

웬일이니, 웬일이니

당연한 눈으로 바라본 세상은 지루한 일상
호기심 어린 눈으로 바라본 세상은 감탄사 천국

　　　　　　홍재기 외 5명, 『오늘도 우리는 성장하고 있습니다』 중에서

작은 일에도 감탄하는 마음은 성공하는 사람들의 특징이라고
한다.

감탄하는 마음은 곧 감사하는 마음이라고 생각한다.

이와 같은 선순환 구조가 결국은 나를 성공하는 쪽으로 이끌
것이며 나의 삶은 풍요로워질 것이다.

자기주도적 삶을 위한 실천방안!

나의 이야기에 심드렁한 사람보다는 감탄해주고 '웬일이니, 웬
일이니'를 연발해주는 사람과 만나고 에너지를 주고받으세요.
함께 성장하실 거예요.

찬물도 못 마셔요

"눈 덮인 들판을 걸어갈 때 이리저리 함부로 걷지 마라.
내 발자국이 뒤에 오는 이들의 이정표가 될지 모르니."
- 서산대사의 설야

손웅정, 『모든 것은 기본에서 시작한다』 중에서

어릴 때 엄마에게 귀에 딱지가 앉게 들었던 말은 "니가 잘되어야 동생들이 잘된다!"였다. 4남매의 장녀인 나는 어릴 때부터 세뇌 당하듯 들었던 말이다.

내내 엄마의 이 말은 그냥 주문 같았던 것 같다.
크게 호응도, 반발도 없이 난 그대로 자란 것 같다.
지금 내가 하고 있는 일에서 나는 장녀는 아니다.
앞서가는 선배이기도한 동료들이 이리저리 함부로 걷지 않고
이정표가 되어준 덕분에 나는 잘 따라 잘 나아가고 있다.

참 감사한 일이다.

자기주도적 삶을 위한 실천방안!

운전 중에 뒤를 돌아봅니다. 아들이 앉아 있습니다.
나는 운전 중에 핸드폰을 보지 않겠다고 늘 다짐해봅니다.
아들이 커서 운전을 시작할 때 바른 운전을 하길 바라면서요.
아주 사소한 일이지만 너무 중요합니다.

비우기

감사하라. 세상은 감사하는 자의 것이다. 욕심 버리고 마음을 비워라.
마음을 비운 사람보다 무서운 사람은 없다.

손웅정, 『모든 것은 기본에서 시작한다』 중에서

몇 년 전부터 요가를 시작하고 명상도 시도해보며 성공한 사
람들이 왜 명상을 하는지를 이해하게 되었다.
결국 비워내야만 채울 수 있다는 원리를 알게 된 것이다.

더 가지기를 욕심내기 전에 이미 가진 것에 대한 감사가 먼저
다. 채우기 전에는 비우기가 먼저다.

나는 요즘 마음과 몸, 건강과 일, 요가를 통해 비우려고 더 많
이 노력한다.
난 지금도 마음을 비우고 욕심을 내려놓고 그냥 진심으로 이
야기하려고 한다.

자기주도적 삶을 위한 실천방안!

좋은 게 넘쳐나고 하루가 다르게 업데이트를 원하는 세상 속에
서 잠시 멈춤과 비우기를 권합니다. 메일함에서 휴지통을 비우
고 핸드폰에 저장된 미련 많은 사진들과 정보들을 비우니 머리
와 가슴이 비워지는 것 같았습니다. 과감하게 미련 없이!!

엔딩노트

호랑이는 죽어서 가죽을 남기고 사람은 죽어서 이름을 남긴다.
그런데 이것은 이제 옛말이 되었다. 인간은 죽어서 꽤 많은 것을 남긴다.
엔딩노트는 웰다잉의 적극적이며 대표적인 행위이다.

　고려대학교 고령사회연구센터,『2022 대한민국이 열광할 시니어 트렌드』중에서

얼마 전 차(茶)수업에서 들은 이야기이다. 꽤 유명하신 선생님의 죽음에 애도와 더불어 그 분의 소장품인 고가의 차도구들의 행방에 안타까워하는 이들이 많았다는 것이다.
참고로 개완 하나가 300만원인 작품이 있을 정도로 차도구의 가치는 아는 사람은 안다고 한다. 그 가치를 모르는 어느 분이 그 분의 소중한 유품들을 소리 소문 없이 사라지게 한 것이 아닐까 했다. 미리 엔딩노트와 함께 정리되어 있었다면 더 가치 있게 소장되었을 그 분의 유품들…
나는 내가 좋아하는 소장품들을 의미 있게 오래 간직하는 걸 좋아한다. 나는 그런 나의 소장품들이 고가여서보다는 나의 스토리 때문에 누군가에게 가치 있게 나누어지길 바래본다.
내가 남길 애장품들을 누군가 갖고 싶어 질 정도로 이름을 남길 수 있는 나 자신이 되고 싶어진다.

자기주도적 삶을 위한 실천방안!

청소를 시작해보세요. 단순하게 살아보세요.
나로부터 남겨질 소중한 것들이 더 돋보일 수 있도록!

언니라고 불러다오

'시니어는 양면성이 있다'는 관점이다. 이들은 나이 들어가는 동시에 늙고 싶어 하지 않는다. 노화로 인한 필요를 충족시켜주는 제품을 원하지만 정작 노인용 제품은 사지 않는다.

고려대학교 고령사회연구센터, 『2022 대한민국이 열광할 시니어 트렌드』 중에서

결혼 후 미용실에 간 적이 있다.

옆에 손님이 나를 '아줌마'라고 불렀고 나는 속으로 버럭 화가 났다. 아줌마된 건 자연스럽지만 아줌마로 불리고 싶진 않다.

나이 드는 것도 당연하지만 나이 들어 보이고 싶진 않다. 할머니가 되겠지만 할머니라 불리고 싶진 않다. 노인에게 필요한 제품이 있겠지만 노인용이라고 박힌 제품을 갖고 싶진 않을 것 같다. 노인용보다 미래용으로 불러보고 싶다.

나는 나보다 10살 이상도 많은 언니들과 이야기 나누는 걸 좋아하는데 나보다 더 트랜디한 언니도 만나곤 한다. 나랑 노는 언니들이 노인이라고 불리는 게 싫다. 이 세상 모든 마케터들에게 일러두고 싶다.

자기주도적 삶을 위한 실천방안!

시니어의 의미를 노인에 두지마세요. SENIOR는 영어 의미 그대로 선배이니, 나보다 더 트랜디 할 수도 있지 않을까요?
미리 전제를 두지마세요. 큰 실수를 할 수도 있으니까요.

정리의 힘

행복은 정리에서 시작된다. 힐링도 워라밸도 알려주지 못한 단순하고 확실한 행복

베르너 티키 퀴스텐마허, 로타르 J. 자이베르트, 『단순하게 살아라』 중에서

영화 〈리미트리스〉에서 주인공은 천재가 되는 알약을 먹고 가장 먼저 한 일이 집 청소였다.

성공하는 12가지 법칙의 저자 조던 피터슨은 "세상을 탓하기 전에 방청소부터 하라"라고 했다. 그 사람의 방 상태는 그 사람의 머릿속이라고 들은 기억이 난다.

정리의 힘! 청소의 힘은 분명 있다.

성공하기 위함에도 단순하게 살기 위함에도!!

기분이 울적하거나 생각이 많을 때는 청소로 해결한다는 사람들의 말이 이해되지 않았던 시절도 있었다. 하지만 청소 후 느껴본 성취감과 기분 좋음으로 인해 주변정리는 나에게 또 다른 성공의 에너지로 작용하고 있음을 알게 되었다.

자기주도적 삶을 위한 실천방안!

계절이 바뀌면 옷 정리부터 시작해보세요.
이번 주에 입을 메인 코디네이션도 미리 정해보세요.
뭘 입을 지 고민하느라 낭비한 30분을 절약할 수 있습니다.
스티브잡스처럼 검정 폴라에 청바지만 입을게 아니라면요.

나의 약점 외면하기

자신의 장점에 집중적으로 관심을 갖는 사람은 약점을 외면해도 된다.

베르너 티키 퀴스텐마허, 로타르 J. 자이베르트, 『단순하게 살아라』 중에서

대부분의 사람들은 자신의 단점을 말하기는 해도 장점을 선뜻 말하진 못한다. 약점을 고쳐 보려고 노력하지만, 장점을 잘 드러내지는 않는다.
장점에 더 집중하자! 이젠 약점만 들추며 자괴감에 빠지는 시간을 아끼자.

운전만 잘하는 게 아니라 운전을 잘 할 줄 알아서 볼 수 있는 것과 갈 수 있는 곳이 많았다. 덕분에 우리 애들은 애기 때부터 멀리도 많이 다녀봤다. 건강만 한 게 아니라 건강해서 많은 일들을 해 냈다. 센스가 있어 단톡방 서포터즈도 하고 있다.

약점으로 가리어졌던 작은 장점에 집중해보자!
생각 이상으로 거대해질 것이다!

자기주도적 삶을 위한 실천방안!
장점이 미약해서 약점일 것 같았던 약점을 외면하세요.
잘 참는 성격은 소심한 게 아니라 평화를 지키기도 하니까요.

마케팅 디폴트

"아이 하나를 키우는데 온 마을이 필요하다."라는 말이 있다.
내가 사랑하지 않는 것을 남에게 사랑하라 할 수 없다.
그리고 내가 사랑하는 것을 다른 사람에게 모두 같은 목소리로 설명할
수 있어야 한다.

이근상, 『이것은 작은 브랜드를 위한 책』 중에서

나는 후기를 기반으로 하는 마케팅을 하고 있다. 좋은걸 소문
내는 나에게는 정말 잘 맞는 일이다. 그런데 이 때 중요한 것
이 있다. 진정성이 있어야 한다는 것이다.

자신이 광고한 제품을 사용하지 않는 연예인을 본다면 어떤
생각이 들겠는가? 언제 어디서든 본인이 광고한 제품을 노출
하고 사랑하는 모습을 보일 때 소비자 관점에서 브랜드에 대
한 호감도와 신뢰도는 올라갈 것이다.

입소문 내고 싶은 브랜드가 있다면, 관여하는 모든 사람들의
애정은 필수조건인 것이다.

 자기주도적 삶을 위한 실천방안!

> 모든 마케터의 기본은 브랜드를 사랑하는 겁니다. '이거 아니면
> 안 돼!'라는 마음가짐이 자연스럽게 장착되어야 합니다.
> 툭 치면 툭 나오는 자랑멘트가 될 때까지요.

그냥 좋았어!

"브랜드 스토리는 만들어지는 것이 아니다. 스토리가 될 만한 과정을 거쳐야 좋은 브랜드가 되는 것이다."

이근상, 『이것은 작은 브랜드를 위한 책』 중에서

나는 뭐든 자연스러운 걸 좋아하고 추구한다.
노력하지 않는 것처럼 보일 수도 있는 나의 가치관이 더 진정성 있으리라 생각한다.

브랜드 스토리 또한 만들어 내려고 하지 않아야 한다는 이야기가 공감이 된다.
'이러려고 한 게 아닌데', '그냥 좋아서' 시작된 일들에 더 진정성을 느끼게 된다.

언젠가는 끝이 보이는 브랜드가 아닌 언제 올지 모르지만 끝이 기대되는 브랜드가 감동을 주는 스토리가 아닐까?

자기주도적 삶을 위한 실천방안!
누가 뭐래도 자신이 좋아하는 것에 집중하세요.
나에게 에너지를 주고 영감을 주는 일에 마음을 보내세요.
당신의 스토리가 됩니다.

존재감 있으세요?

작업을 하는 과정에서 끊임없이 맞닥뜨리는 저항을 극복해내야 할 만큼 자신의 일이 중요하다고 생각하는 사람을 주목하라. 이런 사람들이 린치핀이 된다.

세스 고딘, 『린치핀』 중에서

린치핀이란 마차나 수레, 자동차의 바퀴가 빠지지 않도록 축에 꽂는 핀을 가리킨다. 린치핀이 없다면 마차나 수레, 자동차의 바퀴가 빠져 제대로 작동하지 않는다고 한다.

나는 린치핀이 된 사람들을 알고 있다.
끊임없이 저항을 극복하고 고민하며 자신의 일을 중요하게 생각하고 소명으로 생각하는 사람

그런 사람 옆에 있다.
린치핀을 만났다.
나도 린치핀이 되어야 한다.

자기주도적 삶을 위한 실천방안!

나 아니면 안 되는 일이 있습니다.
혹은 내가 제일 오래 할 수 있는 일도 있죠.
찾았다면 린치핀이 된 겁니다.
누구도 대체 할 수 없는 존재인 것이죠.

셀프 선택 이츠미

선택의 힘은 진정한 힘이다. 우리는 그 힘을 통제하고 활용할 수 있다는 사실만 기억하면 된다. 우리는 날마다 선택한다. 상황이나 습관이 자신의 선택을 지배하도록 두지마라. 자신의 주인이 되어라. 과감하게 선택하라.

세스 고딘, 『린치핀』중에서

"이거저거 따져서 뭐 하겠니?"라는 말을 종종 듣지 않나?
어떤 일을 하고 싶을 때, 어떤 길을 가고 싶을 때, 시간이 안 돼서, 상황이 안 돼서 라는 이유로 망설여질 때가 너무나 많다.
파리 유학 간 친구가 너무 부러워서 자신도 파리 유학 갈 거라고 했던 방송인 홍진경의 오래전 인터뷰가 생각난다.
그냥 뱉은 말은 선택이 되었고 어느 날 정말로 파리에서 유학하는 자신을 발견했단다.
일단 내가 선택하면 선택한 내가 그 일을 해결해 줄 것이다.
지금의 내가 아닌 미래의 내가 지금 선택을 결과로 데려가 줄 것이다. 선택하는 내가 주인이다. 그리고 선택한 나를 믿는 힘이 필요하다.

자기주도적 삶을 위한 실천방안!
마음이 이끄는 대로 선택하세요.
과감하게! 과감했던 만큼 책임도 과감해집니다.
그 선택엔 후회 말고 최선을 다해보세요.

Can you help me??

완벽해 보이려고 애쓰는 건 사람들을 멀어지게 할 아주 좋은 방법이다.

존 리비,『당신을 초대합니다』중에서

나에게 다가오게 할 수 있는 방법.
완벽한 내가 되어 도움을 주는 마음보다 나의 취약점을 보이고 도움을 청하는 편이 훨씬 인간적이다.

작은 부탁을 할 줄 아는 용기가 성장의 요인이라고 한다.
내 앞에서 너무나 완벽하려 했던 어떤 한분이 계셨는데 너무나 힘들어 보였다. 안 그래도 되는데…
오히려 안쓰러워 보였다.

비밀을 털어 놓아야 친구가 된다는 말처럼 나의 부족함을 함께 터놓고 나누고 채울 사람을 만나고 초대하자.
우린 모두 완벽하지 않다.

🖋 자기주도적 삶을 위한 실천방안!

내가 못하는 일에 너무 많은 에너지를 쏟기보다 잘하는 사람 옆에 있어보세요.
그리고 부탁해보세요. 아주 작은 부탁부터…
그리고 칭찬하고 감사하시면 됩니다.

마음이 힘들 때, 트라이!

"마음이 무겁고 힘들 때 도움이 되는 좋은 방법이 있다.
노래 부르기, 신실하게 생활하기, 포도주 마시기, 음악하기, 시 짓기, 산책하기, 은둔자가 기도서에서 삶의 양분을 얻듯 나는 이렇게 살아갈 힘을 얻는다."

헤르만 헤세, 『내가 되어가는 순간』 중에서

몸이 힘들고 피곤한 건 참을 수 있다. 모를 수도 있다.
몸이 아플 땐 대놓고 아플 수도 있고 쉴 수도 있다.
마음이 아프고 힘든 건 참을 수도 참아서도 안 된다.
우리 몸과 마음과 영혼은 하나이기 때문에 몸도 마음도 잘 챙겨야하지만 마음을 먼저 챙겨야 함을 더 잘 알게 되는 요즘이다.

나는 마음이 무겁고 힘들 때 운전하면서 음악을 틀고 노래를 따라 부르곤 한다.
또 그럴 때일수록 더 나를 지키기 위해 신실해진다. 와인도 마신다.
시 짓기는 아니지만 힘든 마음을 비밀의 공간에 적어보기도 한다.
산책은 일상이며 기도하는 삶도 살고 있다.
그리고 나를 안아준다. '잘하고 있다…'

최근 힘든 상황 속에서 극단의 선택을 하는 연예인이 있었다. 며칠 동안 내 마음도 너무나 안 좋았다.

세상이 그대를 속일지라도 노래 부르고 음악하고 산책하고 포도주 마시기를 꼭 생각해냈음 좋겠다.

자기주도적 삶을 위한 실천방안!

운전할 때 노래 따라 부르기… 크게!

차가 없다면 코인노래방은 어떨까요?

오늘 누가 힘들게 했나요?? 종이에 고자질하듯 일기를 써 보세요.

조금 후련해집니다. 마음이 힘들 때… 츄라이~~

나의 소명 찾기

"우리 각자에게 주어진 단 하나의 진정한 소명은 오직 자기 자신에게로 가는 것, 그것 뿐이다."

헤르만 헤세, 『내가 되어가는 순간』 중에서

소명을 찾아 그 일을 대하는 사람들을 볼 때면 감동을 느낀다. 소명이라 생각하고 각자의 일을 할 때야말로 그 사람의 행복과 진심이 전해진다.

그렇다면 우리 각자의 삶에 대한 소명은? 우리 삶도 같지 않을까?

몇 년 전부터 시작한 요가에서도 가장 중요한 핵심은 나에게 집중하는 것이다. 옆 사람과의 비교가 아닌 나의 몸과 내면에 온전히 집중할 때 수련이 시작된다. 나에게 집중하는 방법 중 하나가 두 눈을 감고 수련하는 것이다. 눈을 감고 나에게로 가는 길에 집중하고 들어다보길 바란다.

내 삶을 위한 소명을 찾아 그 길을 따라 즐기는 삶을 찾아내보자. 현재 나의 소명은 나에게로 이르는 것이다.

자기주도적 삶을 위한 실천방안!

주변 이야기보다 내 마음에서 들리는 이야기를 들어보세요. 내가 진짜 하고 싶은 게 무엇인지 어디로 가고 싶은 지 들어주세요. 내 마음 깊은 곳의 '너'가 아닌, 내 마음 깊은 곳의 '나'를 찾아내세요.

책책책산책

"나를 들여다보는 데에는 산책만한 '책'이 없다."

이원흥, 『남의 마음을 흔드는 건 다 카피다』 중에서

15년 전쯤부터 나의 걷기가 시작되었다.

하루 30분 걷기는 둘째 출산 후 심해진 디스크 치료의 목적이였지만 걷기를 예찬하면서 지금까지 나의 걷기 습관은 이어졌다고 생각한다. 나는 주변 지인들에게 "걷기는 내적, 외적 갈등을 해소해준다"라고 말한다. 한창 둘째 육아로 지친 시절 온전히 혼자 일 수 있었던 산책 시간, 생각이 많을 때 비울 수 있었던 산책 시간… 내게 어떤 숙제들이 있을 때마다 훅 일어나 운동화를 신게 하는 이유이다. "책 속에 답이 있다"라고 말하고 책의 중요성이 어느 시점보다 강조되는 요즘 시대에 어쩌면 책보다 더 필요한 순간! 그건 바로 산책의 시간이 아닐까? 세계의 수도, 세상 복잡한 뉴욕에 센트럴파크가 없었다면 그만큼의 정신병원이 지어 졌을 거라고 한다. 지금을 사는 우리에게 필요한 건 공원과 산책이다.

자기주도적 삶을 위한 실천방안!

지금 당장 운동화 하나를 사세요. 산책 실천의 마음을 기억할 운동화! 그 운동화가 낡아지는 걸 지켜보는 재미와 보람이 분명 있을 겁니다. JUT DO IT!

라떼처럼(라떼를 산 게 아니다. 행복을 산 게다)

사는(buy)것이 달라지면 사는(live)것도 달라진다.
행복한 사람들이 다르게 사는(live)이유는 사는(buy)것이 다르기 때문이다.

최인철, 『굿 라이프』 중에서

'일 할래, 애 볼래?'하면 일한다는 말이 있는 것처럼 육아는 심히 깊은 노동과 정신적인 에너지가 필요하다.

육아로 힘들고 외로운 시절,
나에게 작은 사치는 그 당시 4,500원짜리 별다방의 따뜻한 라떼 한 잔이었다.
앉지도 못하는 아이를 카시트에 태워 운전과 주차를 무릅쓰며 아이를 안고 주문한 라떼 한 잔…
곧장 집으로 돌아와서는 아이를 뉘이고 가졌던 라떼 타임은 행복이었다.
그 날은 엄마의 행복으로 아이도 행복했다.

얼마 전 나는 17살이 된 그 아이와 함께 뉴욕여행을 다녀왔다.
예비 고1의 중요한 겨울방학임에도 결심한 건, 이 아이에게 경험을 선물하고 싶어서였다.
세계의 수도 뉴욕을 걷는 경험, 뉴욕 지하철을 타보고, 미술

관과 박물관을 가보고, 의사소통이 자유롭지 않은 곳에서의
일상경험 등등

이번엔 내가 사주는 경험이었지만 나는 안다.

이 아이가 시간이 지날수록 이번 경험의 가치를 내내 느껴갈
것이라는 것을…

사는(live)것이 달라진 것이 사는(buy)것도 달라지게 할 것이다.

자기주도적 삶을 위한 실천방안!

별그램 피드 알고리즘에 뜨는 가방, 신발, 옷 대신 공연, 여행,
전시 피드에 '좋아요'를 눌러보세요.
어느 날 꽂힌 거기로… 거기를 buying하세요. 사는(live)것이 달
라집니다.

니 목소리를 들어줘(행복한 사람들의 비결)

"네 마음의 소리를 들어"라는 조언을 철없는 젊은이들의 클리셰(cliche) 정도로 폄하하는 시선도 있어 왔다. 그러나 우리는 좋아하는 일을 하는 것에 지금보다 훨씬 더 많은 관심을 가져야 한다.

최인철,『굿 라이프』중에서

얼마 전 이효리 氏가 모교 졸업식에서 기가 막힌 축사를 한 기억이 난다. '인생 독고다이, 마음 가는대로 자신만 믿고 가라.'라는 주제의 이효리다운 축사에 웃기도 했고 꽤 큰 화제가 되기도 했다.

그 누군가의 말이나 조언보다는 내 마음의 소리를 들으라는 이효리 氏의 축사에 쉽진 않지만 그래야 한다고 생각한다.

두 아이를 키우며, '나다움'이 얼마나 중요한 지 잘 알고 있다. 태어날 때부터 아이가 관심 보이던 것들, 좋아하는 행동들은 아무리 부모가 다른 길로 이끌려 해도 잘 바뀌지 않는다는 것이다.

아이가 원래 좋아하던 길을 찾았을 때, 아이는 행복하고 잘해내는 걸 확인할 수 있었다.

자기주도적 삶을 위한 실천방안!

어릴 때 좋아하던 일, 좋아하던 곳, 좋아하던 사람, 좋아하던 과목, 하고 싶었던 일이 무엇이었는지 지금 한번 생각해보세요. 힌트가 거기에 있을 거예요.
그리고 꼭 잘하는 일만 하면서 살수 없다는 걸 기억하세요.

행복한 청소부처럼

자신의 일이 세상을 더 나은 곳으로 만들고 있다는 의미와 목적을 발견하는 삶, 즉 소명이 이끄는 삶이 굿라이프다.

최인철,『굿 라이프』중에서

세상을 더 나은 곳으로 만든다는 게 꼭 정치나 투쟁을 해야만 하는 것은 아니며 아프리카로 봉사를 가야만 하는 것은 아닐 거다.

내가 만약 카페 주인이라면 내가 내린 정성스러운 한 잔의 라떼를 마신 후 누군가는 그날의 고통과 슬픔과 스트레스를 날려버릴 수도 있다.

청소부가 자신의 일을 소명으로 생각한다면 자신의 일이 청소가 아닌 세상을 더 깨끗하고 건강한 곳으로 만드는 거라고 말하는 것처럼

나의 소명 또한 누군가를 행복하게 만드는 것이다.

건강과 행복에 맞는 라이프 스타일을 추천해주는 나의 소명이 행복한 세상을 만든다. 행복한 사람 한명이 모여 행복한 세상으로 간다.

자기주도적 삶을 위한 실천방안!

지금 무엇을 하고 있던지 그 일에 의미를 찾아보세요.
문제는 해결보다 발견이 먼저입니다.

나의 상세페이지

"사실 각 제품의 비하인드 스토리를 들으면 제품이 더 매력적으로 보일 것 같거든. 해피어들에게 그런 이야기를 더 해주고 싶어. 지금보다 더 매력적인 상세페이지를 만들 수 있을 것 같아."

박신후(lolly), 『행복을 파는 브랜드, 오롤리데이』 중에서

사야 할 쇼핑템이 있는데 쉽게 구매 결정이 안 될 때가 있다. 그럴 때면 나는 일부러 그 제품의 자세한 설명을 듣기위해 같은 브랜드 여러 매장을 들러본다. 어쩌면 나의 소비를 합리화하기 위함이며 한 번의 구매를 통해 오랫동안 소장하게 되는 원동력 같은 거다.(나는 실제로 한 번 산 제품을 오래도록 간직하는 편이고 좋아한다.) 제품에 대한 설명을 들을 때, 제품 기능보다는 스토리에 더 많은 매력을 느끼게 된다. 그 제품의 탄생 스토리와 철학에 끌렸을 때, 구매를 확정하게 되고 기능 이상의 가치를 갖게 되는 것이다. 마찬가지로 개인 브랜딩의 시대에 살면서 나의 스토리를 생각하게 된다. 누군가 나의 스토리를 통해 힘을 얻고 삶의 가치를 더 찬란하게 만들었으면 좋겠다. 오늘도 나의 상세페이지를 채워나가기 위해 감사하며 최선을 다하게 된다.

자기주도적 삶을 위한 실천방안!

온라인 세상에 나를 기록해 보세요. 매일 일기를 쓰고 기록을 남기듯 자신만의 상세페이지를 늘려가세요. 분명 자신을 더 아끼고, 성장하는 나를 발견하게 될 겁니다.

말하고, 쓰고, 느껴라!

"원하는 모습이 있다면 구글 이미지에서 비슷한 사진을 찾아 노트에 붙여두고 그 뒷장에 원하는 목표를 적어두며 자주 꺼내본다고 한다. 미국의 유명한 자수성가 부자 그랜트 카돈은 여기에서 한층 더 발전된 이야기를 한다. 실제로 가서 느껴봐야 한다고, 사진만으로는 턱없이 부족하다고 말한다."

고윤(페이서스 코리아), 『아무것도 하지 않으면 아무것도 달라지지 않는다』중에서

몇 년 전 함께 일하는 동료가 나의 성장과 그녀의 성장을 포스트잇에 써서 핸드폰에 끼워두고 다니는 걸 본적 있다.
그때의 나는 '그게 될까'라는 마음과 왠지 모를 쑥스러움이 있었다. 지금은 안다. 그 덕분에 성장했음을…
얼마 전 아들과 뉴욕여행을 다녀온 후 나의 뚜렷한 미래를 그릴 수 있었다. 3년 후 다시 갈 뉴욕에 있는 숙소… 직접 그곳에서 그려둔 나의 미래는 지금도 너무나 선명하다.

말했고 썼고 느꼈으니 나는 3년 후 피에르 호텔에서 뉴욕을 느끼리라.

자기주도적 삶을 위한 실천방안!

마음속으로만 바라던 나의 미래와 소망을 지금 바로 입 밖으로 꺼내어 주세요. 적어 보세요.
직접 만질 수 있는 곳이라면 다녀오십시오!

상상플러스

"이 세상에 있는 모든 창조물의 근원은 우리의 사고의 에너지, 또는 상상입니다. 이 세상에 있는 사물은 모두 누군가가 생각한 결과입니다."

다카하시 히로카즈, 『퀀텀 시크릿』 중에서

지금 내 손 안에 있는 아이폰, 하늘을 나는 비행기, 망망대해를 떠나는 거대한 크루즈, 그리고 공항 가는 길에 인천대교를 건널 때 마다 신기하기만 하다.

오래 전 영화 제 5원소에서 하늘을 나는 자동차를 보며 생각했다. "이제 자동차도 하늘을 날겠구나!"

그때는 없었고 지금은 있는 것!
누군가의 상상에서 시작 되었다.
결과를 만드는 상상을 멈추지 말자.

자기주도적 삶을 위한 실천방안!

불편함을 느낄 때, 불평보다 상상하세요.
누군가가 만들어내는 편안한 순간을요.
이 세상에 없어서 불편했던 그것을 누군가는 상상으로 시작하고 창조해 낼 거니까요.
어쩌면 당신이, 어쩌면 내가…

나랑 사귈래?

당신에게 가장 가까운 존재는 누구입니까? 바로 '자신' 입니다.
24시간 365일 당신과 만나는 사람은 바로 당신 자신입니다.
당신의 사고, 당신이 하는 말, 당신의 평소 행동이나 습관이 당신에게 가
장 크게 영향을 줍니다.
그러면 지금부터 일평생 어떻게 자신과 사귀겠습니까?

다카하시 히로카즈, 『퀀텀 시크릿』 중에서

매일매일 가슴과 머릿속에서 수없이 되뇌며 소리 내지 못한
생각의 단어들…

이 대화들을 바꾸자.
나의 잠재의식으로 흘러 들어가는 내부의 대화를 바꾸자.

안 그래도 주위 시선, 남의 시선, 완벽해지려는 나 때문에 정
작 내가 하는 말과 내 가슴이 뛰는 소리는 못 들은 척한 게 아
닐까?

자기주도적 삶을 위한 실천방안!

"사랑해!" "넌 다 할 수 있어!" "넌 오늘도 예뻐!"
아무도 듣지 않아요. 나에게 보내는 메시지를 맘껏 아름답게 바
꾸고 생각하세요. 나보다 더 나를 잘 알고 나조차도 속일 수 없
는 무의식의 나에게로…

dance practice

"단순히 '아웃풋'을 소비하는 것이 아니라 '프로세스'를 공유하는 그 자체에 매력을 느끼는 것이다"

오바라 가즈히로, 『프로세스 이코노미』 중에서

BTS 공식 유튜브 채널 중에 dance practice 채널이 마음에 와 닿고 자꾸 재생하게 된다. 그 이유는 무대의상이 아닌 평상복을 입고 연습하는 과정을 보여주기 때문일 것이다.
완벽하게 세팅된 무대를 보는 것 이상의 감동이 전해진다. 또한 그 아티스트의 성공에 대해 더 큰 박수와 공감을 불러오게 된다.

작고 보잘 것 없던 시작을 숨기고 짠하고 나타나고 싶은 성향을 가지고 있는 나…

생각보다 어쩌면 나는 완벽주의였을까 싶은 마음을 잠시 내려 놓아본다. 나의 모든 순간이 당당함을 보여주고 싶어진다.

자기주도적 삶을 위한 실천방안!
결국 위대해질 여러분의 성공과 성장의 시작을 공유해보세요.
나와의 약속이 더 강력해짐이 느껴집니다.

하고 싶은 일, 할 수 있는 일, 해야만 하는 일

"아직 하고 싶은 일을 찾지 못했더라도 괜찮다. 다른 사람의 'Must'를 도우며 일을 해나가는 동안 자연스럽게 'Can'의 일이 나타날 것이다. 그리고 'Can'이 쌓이다보면 언젠가 자신만의 'Will'과 마주하게 될 것이다. 다른 사람에게 인정받고 싶은 초조한 마음에 자신에게 맞지 않는 다른 사람의 'Will'을 가져다 쓰지는 말자."

오바라 가즈히로, 『프로세스 이코노미』 중에서

영문법에서 배웠다.

조동사의 역할은 일반동사를 돕는 것이다.

순서가 뭐가 중요한가… 일단 해보는 게 중요하다. 하다보면 할 수 있는 Can을 발견하게 된다는 게 제일 중요하다.

JUST DO!!

자기주도적 삶을 위한 실천방안!

Will-Can-Must?
Must-Can-Will?
It dosen't matter.
가끔은 타인에게 오더 받는 게 편할 때가 있다.
지금 하고 싶은 일이 없을 땐 내가 뭘 하면 좋을지 물어보자.
"뭐든 시켜만 주십쇼!!"

천재가 되자, 되자!

천재는 대게 학구적이다. 하버드대에 전해 내려오는 격언들이 그 방증이다. '가을걷이가 끝나면 가을 파종을 시작하듯 배우고, 배우고 또 배워라!' '지금 자면 꿈을 꿀 수 있지만, 공부를 하면 꿈을 이룰 수 있다.' '배움의 고통은 잠깐이지만 배우지 못한 고통은 평생이다.'

쑤린, 『어떻게 인생을 살 것인가』 중에서

천재로 태어나야만 천재가 아니다. 배움을 즐기고 끊임없이 배운다면 천재가 될 수 있다. 타고나야만 천재는 아니다.

국, 영, 수… 배움의 고통을 참지 못했던 학창시절을 떠올릴 때마다 고통스러운 후회가 들 때가 있지 않은가? 국, 영, 수는 참지 못했지만 끊임없이 읽고 배우는 일의 고통은 참아보자.

하버드에 합격 할 만큼 배움의 고통을 참은 자들도 또 배우고, 배운다는 하버드 격언들이 뼈를 때린다. 하버드 입학과 비교해도 손색없을 만큼 우리만의 꿈의 입학이 어디에나 있다.

자기주도적 삶을 위한 실천방안!

매일 매일의 배움은 책 속에 있고 주변 사람들에도 있습니다. 여행에도 있고 혼자만의 시간에도 있습니다. 힘든 하루 속에도 있고 행복한 순간에도 있지요. 후회되었던 '어제'에도 배움의 시간은 있었습니다. 잘 버텼습니다.

PART
VI

행복성장 모티베이터

"나 일수도 있으며,
그럼에도 나아갈 수 있고,
덕분에 해냈습니다."

홍재기 작가

그냥 일하지 마세요!

열심히는 살지만 무엇을 위해 사는지 모르는 사람이, 안타깝지만 너무나도 많습니다.

임재성, 『동양의 마키아벨리 한비자 리더십』 중에서

"지금 그 일을 왜 하나요?"
일을 하는 이유에 대해 자신에게 질문해야 합니다.
그렇지 않으면 의미 없는 시간을 보낼 수도 있으니까요.

나의 의지로 태어난 건 아니지만,
나의 의지로 무엇을 할지 결정할 수 있습니다.

자신의 존재 이유를 끊임없이 묻고 원하는 일을 하세요.

자기주도적 삶을 위한 실천방안!
아무 생각 없이 일하지 마세요.
'나는 무엇을 위해 살고 있는가?'에 대한 질문을 멈추지 마세요.
그래야 내 시간의 가치를 빛나게 할 수 있습니다.

삶의 칼자루를 누가 쥐고 있나요?

삶의 칼자루를 자기 자신이 쥐고 있는 사람은 쓰러지고 넘어져도 훌훌 털고 다시 일어섭니다.

임재성, 『동양의 마키아벨리 한비자 리더십』 중에서

습관적으로 남 탓하는 사람들이 있습니다.
"저 사람은 집안이 좋아서 잘되는 것이고, 나는 가진 게 없어서 어쩔 수 없는 거야."라고 얘기합니다.

변명과 핑계를 입에 달고 사는 사람은 절대 칼자루를 잡을 수 없습니다. 이미 다른 사람에게 넘겨줬으니까요.

내 삶의 운전대를 타인에게 넘겨주지 마세요.
변명보다는 해결책을 찾으려고 노력하세요.
길이 보이지 않으면, 스스로 만들어 가면 됩니다.
그 길이 내 삶의 정답이니까요.

자기주도적 삶을 위한 실천방안!

우리 삶은 고난과 시련의 시간이 더 많을 지도 모릅니다.
그래도 다행인 것은 나의 감정은 나의 것이라는 겁니다.
그러니 어떤 어려운 상황에서도 이것만 기억하세요.
'언제든 내 감정은 내가 결정할 수 있어!'

자율주행차보다 뛰어난 나

당신 인생에서 가장 중요한 책임 한 가지는 꿈을 크게 꾸며 좋아하는 일을 하는 것이다. 명심하라, 이것이 당신에게 주어진 임무다.

브라이언 트레이시, 『브라이언 트레이시 성공의 지도』 중에서

자율주행차는 인간의 개입 없이 스스로 주행할 수 있지만, 목적지는 결국 사람이 정해야 합니다.

인생도 외부의 도움을 통해 더 나은 삶을 추구할 수 있지만, 결정적 순간에는 자신이 결정하고 책임져야 합니다.

바라는 이상적인 모습을 지속적으로 상상하며, '미래의 나'를 다른 누구도 아닌 자신이 이끌어 가야 하는 것을 잊지 마세요.

자기주도적 삶을 위한 실천방안!

미래는 일자리가 아닌 일거리를 찾고 만들 수 있어야 합니다.
자신이 정말 좋아하는 일이 무엇인지 서술형으로 작성해보세요.
또 그 일을 통해 어떻게 하면 경제적 가치를 창출할 수 있을지 구체적으로 기록해보세요.
무엇을 해야 하는지 알게 될 겁니다.

일단 쓰세요!

"모든 사람이 언젠가 책을 쓰고 싶어 해요. 왜 지금 쓰지 않을까요?
시작하지 않기 때문이에요."

브라이언 트레이시,『브라이언 트레이시 성공의 지도』중에서

책을 쓰고 싶다는 열망이 있다면, 완벽주의에 사로잡히지 말고 지금 바로 시작하세요.

바쁘다는 이유로 계속 미루다 보면 기회를 놓치게 됩니다. 어느 순간부터 '언젠가 책을 써야지'라는 생각만 남을 것입니다.

완벽을 추구하기보다는 눈높이를 조금 낮추고 실천하는 것이 중요합니다. 경쟁력을 갖기 위해서는 자기 생각을 글로 표현할 수 있어야 합니다.

기회를 놓치지 마시고, 지금 당장 시작하세요.

자기주도적 삶을 위한 실천방안!

좋아하는 책을 읽고, 마음에 와 닿은 문장을 노트에 작성해보세요. 자신만의 문장 노트를 만드는 겁니다. 그리고 문장 노트에 있는 글들을 나의 언어로 재해석하여 새로운 문장을 만들어보세요. 계속 반복하다보면 책이 완성될 겁니다.

인생 질문

앤디 그로브에게 내가 얻은 교훈은 하나다.
'질문할 수 있는 사람만이 답을 찾아서 실행할 수 있다.'

황창규, 『빅 컨버세이션 THE BIG CONVERSATIONS』 중에서

문제를 정확히 모른다는 것이 가장 심각한 문제라는 겁니다.
무엇이 문제인지 파악하기 위해서는 질문을 해야 합니다.
코로나 이후 매출이 급감하면서 어려운 시기를 겪었던 적이
있었죠. 그때 질문의 힘을 깨닫게 되었습니다.
"언택트 시대에 무엇을 해야 할까?" "온라인으로 사람들에게
팔 수 있는 것은?" "내가 가진 독특한 장점은 무엇일까?"
수없이 물어본 끝에 결정을 내렸고, 그 결과 위기를 극복할
수 있었습니다.
끊임없이 질문하세요! 정교한 질문을 자신에게 던지며 답을
찾아가세요! 그리고 답을 찾았다면, 무조건 된다는 생각으로
끈기 있게 그 길을 걸어가세요!

자기주도적 삶을 위한 실천방안!
여러분들은 어떤 '인생 질문'을 가지고 있나요?
질문 하나가 삶을 변화시킬 수 있습니다.
'인생 질문 노트'에 질문을 기록하고 답을 찾아보세요.
엄청난 변화가 있을 겁니다!

새로운 기회를 찾는 방법

두려움을 내려놓으면 만나고 배우는 일이 수월해지고, 뜻하지 않은 기회
도 만날 수 있다. 다음 단계가 분명히 찾아온다.

황창규, 『빅 컨버세이션 THE BIG CONVERSATIONS』중에서

일이 잘 풀리지 않아, 고민이 쌓여가고 자신감도 떨어지나요?
사람들과의 만남이 부담스럽게 느껴져서, 방구석에만 틀어박
혀 있지는 않나요?
아무것도 하지 않으면, 변화는 찾아오지 않습니다.
새로운 기회를 얻고자 한다면, 다양한 사람들과의 만남을 즐
겨보세요.
이 때 나의 기준을 잠시 내려놓고, 상대방 입장에서 경청하고
배우려고 노력해보세요.
그 과정에서 인생의 전환점을 맞이할 멘토를 만날 수도 있으
니까요.

✒ 자기주도적 삶을 위한 실천방안!

긍정적인 외부 자극을 찾아보세요. 특히 20~30대에는 사람들
과의 만남을 통해 새로운 경험을 쌓을 수 있습니다.
만약 내향적인 성격이라 외부 활동이 쉽지 않다면, 같은 관심사
를 가진 사람들을 만나보기를 추천해드립니다.

5D로 상상하기

한마디로 말해, 보이는 것은 이루어지고 보이지 않는 것은 이루어지지 않는다.

이나모리 가즈오, 『어떻게 살아야 하는가』 중에서

칠흑 같은 어둠에 둘러싸여, 한 치 앞도 나아가지 못할 때가 있습니다. 도무지 무엇을 해야 할지, 이 길이 맞는지 모르는 순간이죠. 그럴 땐, 가만히 앉아 고요함을 느껴보세요.

그리고 마음 속 깊은 곳에서 들려오는 이야기에 귀 기울여보세요. '내가 무엇을 해야 하는지?'에 대해서요.

한 두 번 하고 끝내지 말고 계속 해야 합니다. 그러다보면, 어느 순간 생생하게 떠오르는 자신의 모습이 그려질 거예요.

그리고 상상하는 장면이 눈앞에 뚜렷하게 펼쳐진다면, 당장 그 일을 하면 됩니다. 마치 원래 그 일을 했던 사람처럼 자신감 있게요.

자기주도적 삶을 위한 실천방안!

자신의 미래를 선명하게 그려낸다는 것은 그 만큼 관심이 있다는 겁니다. 벼랑 끝에 몰린 상황에서도 무엇을 해야 하는지에 대한 질문을 멈추지 마세요. 결코 쉬운 일이 아니지만, 계속 해야 합니다. 왜냐하면 아무도 대신 해주지 않으니까요.

그러니 뚜렷하게 떠오를 때까지 멈추지 마세요.

플러스가 되는 해석시스템을 구축하자

'인생과 일의 결과는 사고방식, 열의, 능력의 곱으로 이루어진다'는 법칙이다.

이나모리 가즈오, 『어떻게 살아야 하는가』 중에서

외부 자극에 대해 어떻게 해석하느냐에 따라 나의 반응은 달라집니다. 즉, 어떠한 사고방식을 가지고 있는지가 중요한 것이죠!

여러분들의 해석시스템은 '플러스'인가요?, '마이너스'인가요? 아무리 능력이 좋아도 부정의 생각을 가지고 있다면, 결코 좋은 결과를 만들 수 없습니다.

플러스가 되는 해석 시스템을 구축하세요.
그리고 열정을 가지고 실행하다보면 탁월한 능력을 갖추게 될 것이고, 원하는 성과를 만들게 될 겁니다.

자기주도적 삶을 위한 실천방안!

사고방식은 타고난 성향과 후천적 학습에 의해 만들어 집니다. 나다움을 이해하고 성공하는 사람들의 강한 신념을 벤치마킹 하세요. 의식하지 않아도 자연스럽게 행동할 수 있을 때까지 반복해야 합니다.

위기의식이 주는 기회

'이대로는 안 된다.'라는 위기의식은 경영의 출발점이다.
내가 생각하는 위기의식이란 '다가올 미래를 전망하고 현재를 돌아보며
둘 사이의 격차를 인식하는 것'이다.

조남성, 『그로쓰 GROWTH』 중에서

경영 환경 변화에 따라 내가 하고 있는 일이 미래에는 어떻게
달라질지에 대해 고민할 수 있어야 합니다.

아무도 우리에게 그런 얘기는 하지 않으니까요.

앞으로 요구되는 능력과 현재 내 모습과의 차이를 인식할
수 있다면 지금 무엇을 해야 할 지 누구보다 잘 알 수 있을
겁니다.

자기주도적 삶을 위한 실천방안!

위기의식을 갖고 질문하는 습관을 가져보세요.
"1년 후 또는 3년 후 나의 업무 환경은 어떻게 바뀔 것인가?"
"변화된 미래 모습과 현재의 나는 어떠한 차이가 있는가?"
"그럼 지금 나는 무엇을 해야 하는가?" 등의 질문을 통해 위기
를 극복하고 기회를 창출할 수 있을 겁니다.

지금 하고 있는 걱정, 필요한가요?

나는 의사결정에서 '고민은 하되 걱정은 하지 말자.'라는 독백을 많이 했다.

조남성, 『그로쓰 GROWTH』 중에서

의사결정은 매우 중요하기에 오랜 시간 고민하는 것은 당연합니다.

하지만 후회하지 않을 완벽한 선택을 기대하기엔 어려움이 있습니다.

그러니, 결정했다면 자신을 믿고 '이뤄진다'라는 생각으로 추진하세요.

몸은 앞으로 나아가야 하는데, 생각은 과거에 머물러 있으면 안 되는 것이죠.

'이렇게 했으면 어땠을까?'와 같이 걱정할 필요가 없는 겁니다.

걱정을 해서 걱정이 사라지지 않으니까요.

🖋 자기주도적 삶을 위한 실천방안!

삶의 중심이 되는 가치관을 바탕으로 판단해보세요.
그리고 무엇을 할지 결정했다면, 그 선택을 믿고 무조건 잘 될 거라는 생각으로 열심히 하면 됩니다.

일의 본질을 잊지 않은 일상의 반복

소위 말하는 성공이란, 화려하게 주목받는 며칠이 아니다. 남이 알아주지 않아도 끈기 있게 '기본'을 묵묵히 반복해온 순간들이 모여 이룬 결과다.

박정부, 『천 원을 경영하라』 중에서

'天下大事(천하대사) 必作於細(필작어세)'
노자의 도덕경에 나오는 말로 세상 위대한 일도 아주 작은 것부터 시작한다는 의미입니다.
지금 하고 있는 일이 자신이 진정 원하는 것이라면 당장 들어난 성과가 없다고 하더라도 그 길을 묵묵히 걸어가세요.
어쩌면 남들보다 결과가 늦게 들어날 수도 있습니다. 그렇다고 초조해하지 마세요. 다른 사람과 비교할 필요가 전혀 없습니다. 유일한 경쟁자는 오로지 나 자신뿐이니까요.

과거의 나의 하루가 모여 위대한 오늘을 만들고 있는 중이니까요.

자기주도적 삶을 위한 실천방안!

맞는 방향으로 가고 있는지 자주 되돌아보세요.
제대로 나아가고 있다면 끈기를 발휘하시고 잘못된 길로 들어왔다면 끊기를 행할 수 있어야 합니다. 일의 본질을 잊지 않은 일상의 반복이 성공의 결과를 가져올 겁니다.

'더하기'보다 '빼기'의 경영

집중이란 무엇인가. 덜어내고 또 덜어내는 것이다. 복잡함을 빼고 기본에 충실하는 것이다. 그러다 보니 방법을 찾을 수 있었다.

박성부, 『천 원을 경영하라』 중에서

매일 매일 정말 바쁘게 사는데 일은 줄지 않고 시간에 쫓겨 사는 분들이 많습니다. 삶 자체가 온통 일로 가득 차 있습니다. 이러한 시간이 계속 된다면 건강까지 문제가 생길 수도 있겠지요.

무엇을 해야 할까요? 빼야 합니다. 불필요한 것을 빼야 하는 것이죠. 그래서 경영은 '더하기'가 아니라 '빼기'라고 했습니다. 아마 당장은 무엇을 빼야할 지 막막한 분들도 있을 겁니다. 그럼 하고 싶은 일을 적어보시고, 우선순위를 정하세요.

우선 순위 중 자신이 해야 할 일과 타인에게 맡길 수 있는 일을 구분해보세요. 그러다보면 집중해야 하는 것이 무엇인지 보일 겁니다.

자기주도적 삶을 위한 실천방안!

하루를 마무리하며, 내일 꼭 해야 할 일 5가지를 적어보세요. 그리고 우선순위에 따라 그 일을 하나하나 해나가는 겁니다. 모두 다 하지 못했다면, 그 다음날 해야 할 일에 포함되어야겠죠. 딱 5가지만 정하고 매일 그 일에 집중해보세요.
덜어낼 수 있어야 채울 수 있습니다.

경제적 자유를 꿈꾸는 이에게

돈을 모으는 가장 쉬운 방법이 바로 '쓰기 전에 미리 떼어놓는 것'이다.

박경민,『돈 버는 절대 회계』중에서

돈은 잘 버는데, 잘 지키지 못하는 사람이 있습니다.
사업으로 따지면 매출은 좋은데 이익은 낮다는 것이죠.

예상치 못한 일이 한 두 번 발생하면, 회사는 갑자기 발생한
지출로 마이너스가 될 수도 있다는 것입니다.

우리 삶도 마찬가지입니다. 경제적 자유를 위해서는 이익의
잔고가 계속 증가해야 합니다.

미리 떼어놓는 습관을 가지세요.
눈에 보이지 않아야 쓰지 않습니다.

자기주도적 삶을 위한 실천방안!

이익 통장을 따로 만드세요.
어려울 때, 하고자 하는 일이 있을 때 나를 지켜주는 버팀목이
될 겁니다.

장사와 사업의 차이

만약 현재 자신의 사업에 표준화된 매뉴얼이 없다면
그 대표는 사업을 하는 것이 아니라 장사를 하고 있는 것이다.

박경민, 『돈 버는 절대 회계』 중에서

매일 노동으로 일을 처리하고 있다면 장사를 하고 있는 것입니다. 장사가 나쁘다는 것이 아닙니다. 다만 일을 한만큼만 돈이 들어온다는 것이죠.

하지만 사업은 반복된 노동 투입을 줄이고 일정한 운영 방식에 의해 매출을 발생시킬 수 있습니다. 투입된 노동 시간 이상의 돈을 벌 수 있다는 겁니다.

그리고 같은 일을 언제, 어디서, 누가 하더라도 동일한 결과를 만들어 낼 수 있습니다. 전국 어느 곳에서든 맥도널드 햄버거 맛이 같은 것처럼 말이죠.

당신은 장사를 하고 있나요? 아님 사업을 하고 있나요?

자기주도적 삶을 위한 실천방안!

일을 처리하는 방식 중 가장 우수한 진행 과정을 문서로 작성하세요. 그게 바로 매뉴얼입니다. 그리고 고객 관점에서 계속 수정·보완하세요.
한 번 만들고 멈추면 더 이상 매뉴얼이 아니니까요.

네이밍으로 특별해지기

셀링 포인트에 '이름 붙이기'가 브랜딩을 포함한 모든 비즈니스의 첫걸음이야. 나만의 존재를 만들려면 나만의 이름이 있어야 하지 않겠어?

홍성태, 『브랜드로 남는다는 것』 중에서

특별해지는 방법, 바로 이름 붙이기입니다. 무언가에 이름을 붙인다는 것은 그만큼 애정과 관심을 갖고 있다는 것이죠. 부모님께서 여러분들에게 이름을 만들어 준 것과 같을 겁니다.

그리고 이름이 오래 오래 기억되기 위해서는 또 하나의 이름, 별명을 만들어보는 겁니다.
어릴 적 친구의 이름보다 별명이 기억에 남는 것처럼, 각자 자신을 표현하는 별명을 만들어보는 겁니다. 자신의 정체성을 잘 표현할 수 있는 별명을요.

그게 바로 '퍼스널 브랜드'라고 하는 것이죠.

자기주도적 삶을 위한 실천방안!
제 별명은 '행복성장 모티베이터'입니다. 행복한 성장을 위해 동기부여를 제공하는 일을 하고 있기 때문입니다.
여러분들도 나다움이 잘 드러난 별명을 만들어보세요.
그리고 계속 알리면 됩니다.

오랫동안 사랑 받는 브랜드의 공통점

Continuity! '지속성'이라는 말은 변하지 않는다는 게 아니라,
본질은 유지하되 껍질을 바꾸어서 신선함을 더한다는 의미야.

홍성태, 『브랜드로 남는다는 것』 중에서

이 세상에 내가 존재하는 이유, 즉 정체성은 변하지 않습니다.

다만, 설명하는 방식은 대상과 시기에 따라 다르게 할 수 있어야 합니다.

블록 쌓기라는 본질을 유지하면서 증강현실 기술을 도입한 레고의 경우가 대표적인 사례라 할 수 있을 겁니다.

현재 고객의 원하는 언어와 모습으로 전달할 수 있어야 오랜 시간 사랑받는 브랜드로 존재할 수 있습니다.

자기주도적 삶을 위한 실천방안!

고객의 라이프스타일을 파악하며 끊임없이 소통한다면, 정체성을 유지하며 트렌드에 맞게 변화할 수 있습니다. 지금, 고객이 가지고 있는 고민의 리스트를 확보하세요.

본캐와 부캐의 환상의 조화

서로 다른 인격으로 살아간다기보다는 '본캐'인 '나'를 위해 모든 '부캐'가 한 팀으로 움직인다는 관점으로 바라봐야 합니다.

박준영, 『Z의 스마트폰』 중에서

여러분들의 본캐는 어떠하나요?
혹시 부캐에 둘러싸여 본캐를 잃어버린 건 아닌지요?

주어진 상황에 따라 자신과 다른 역할극을 해야 할 때가 있습니다.

블로그를 통해 보여 지는 모습과 인스타에서 들어나는 특징이 다른 것처럼요.
이때 중요한 것은 본캐를 알아야 부캐가 자유롭다는 겁니다.

온전한 자신을 끊임없이 탐색해야 새로운 모습을 더 나답게 보여줄 수 있습니다.

자기주도적 삶을 위한 실천방안!

모두가 평생 자신에게 하는 질문, '나는 누구인가?'
이 질문을 놓치지 마세요. 자신을 이해할 수 있어야, 스트레스 받지 않고 다른 모습을 보여줄 수 있으니까요.

디지털 네이티브와 친해지는 방법

스마트폰이 촉발한 경계 없는 삶에서 디지털 네이티브에게 가장 필요한 건 '창조적 자유'와 '자율성'입니다. 자신의 삶에서 중요한 부분을 직접 선택하는 것이 행복 수준을 높이기 때문이죠.

박준영, 『Z의 스마트폰』 중에서

10년 후, 우리 삶은 어떤 모습일까요?

어쩌면 현실세계와 가상세계의 경계가 완전히 무너져 메타버스에서의 경제 활동이 필수가 될 수도 있습니다.

전혀 예상하지 못했던 영역에서 금전적 교류가 발생할 수도 있는 것이죠.

이 때 반드시 기억해야 할 것은 개인 취향을 저격하는 맞춤형 서비스입니다.

디지털 네이티브가 가지고 있는 다양한 부캐를 이해하고, 최상의 맞춤 서비스를 전달하려고 노력해야 합니다.

나의 관점이 아닌, 다양한 캐릭터의 입장에서 그들의 눈으로 세상을 바라볼 수 있어야 합니다.

자기주도적 삶을 위한 실천방안!

Z세대, 알파세대라고 해서 달라지는 것은 없습니다.
그들이 경험한 환경이 다를 뿐이죠. 그러니 인문학적 사고를 향상시키기 위한 노력을 게을리 하지 마세요.
결국 중요한 건 사람이니까요.

행동을 변하게 하는 힘

리더십은 지렛대이고, 조직문화는 지렛목이라고 할 수 있다.

존 칠드러스, 『컬처 레버리지』 중에서

아무리 리더십이 좋더라도, 모든 사람들의 생각을 바꾸기에는 한계가 있습니다.

그래서 구체적인 지침을 통해 원하는 방식대로 일하게 하는 겁니다. 행동이 달라지면 생각도 변할 수 있으니까요.

이게 바로 조직문화입니다.

특히 불확실성이 가득한 상황에서 조직문화를 가지고 있다면, 더 많은 이익을 얻을 수 있습니다.

조직을 키우고 싶다면, 문화를 가지세요!

자기주도적 삶을 위한 실천방안!

사람들은 쉽게 변화지 않습니다. 다만 행동은 달라지게 할 수 있습니다. 원하는 업무 방식 즉 조직 문화를 구축하고 싶다면, 리더의 솔선수범, 지속적인 마인드 교육 그리고 구체화된 행동 규범 등이 갖춰야 합니다.

적소적재의 인플루언서 채용

강력하고 정렬된 조직문화를 만들고 싶다면, 당신이 특별하게 원하는 그 문화에 맞는 중간관리자를 고용하고 계발시키는 것이 매우 중요하다.

존 칠드러스, 『컬처 레버리지』 중에서

조직 규모가 커질수록 리더의 영향력이 전체에 전달되기는 어렵습니다.

비슷한 생각과 행동을 가진 중간관리자를 양성해야, 리더의 의지가 확장될 수 있습니다. 즉, 리더의 생각을 전달할 수 있는 인플루언서가 필요하다는 겁니다.

이 때 반드시 조직의 존재이유와 핵심가치가 무엇인지 정의되어 있어야 합니다.

그래야 원하는 중간관리자를 고용할 수 있으니까요.

자기주도적 삶을 위한 실천방안!

사람이 좋아서 채용하는 것이 아니라, 그 자리에 적합한 인재를 고용하는 겁니다. 그러니 먼저 회사의 경영방침, 조직문화, 필요한 직무 등에 대해 구체적으로 정의를 내리세요. 반복되는 번거로움이 줄어들 겁니다.

비싸도 특별하면 괜찮아!

더 이상 노예로 살고 싶지 않다면 당신의 고객에게 모두를 위한 게 아닌
특별한 무엇이라고 말하는 것이다. 이게 전부다.
그저 그렇게 모두가 이용할 수 있는 게 아니라고 말하면 된다.

빌 비숍, 『핑크펭귄』 중에서

무두가 차별화를 외치고 있지만 고객들이 느끼기에는 그다지
달라 보이지 않습니다.

"저희 서비스는 최고이고, 정말 다릅니다!"라고 외치며, 기능
과 장점을 열심히 설명해도 고객들은 기억하지 않는다는 겁
니다.

많은 사람들이 이용하는 일반적인 것이 아닌 특별함을 판매
해보세요. 일반적인 상품과 서비스에 고객의 욕구를 한 스푼
넣어 잘 포장하면 됩니다.

비싸서 팔기 어렵다는 생각은 버리세요. 특별하다고 인식되
면 반드시 구매하는 고객은 있으니까요.

자기주도적 삶을 위한 실천방안!

직접적인 이득이 아닌, 최상의 이득을 제공할 수 있어야 합니
다. 신발이 아닌 자신감을 선물하는 것처럼요.
그리고 특별한 서비스에 맞게 이름을 만드세요. 또한 선택받은
자만이 이용할 수 있음을 강조하시고요.

줄서기와 마감

기억하라. 사람들이 가장 갖고 싶어 하는 한 가지는, 갖지 못하게 될지도 모른다는 두려움이 드는 무엇이다.

빌 비숍, 『핑크펭귄』 중에서

줄서기와 마감, 두 단어만 기억하면 됩니다.

꼭 구매해야 하는 확신을 심어주세요.

지금 바로 결제하지 않으면 자신만 소외될 수 있다는 두려움을 느끼게 하세요.

필요하면 일부러 줄 세우고, 팔지 않으면 됩니다.

자기주도적 삶을 위한 실천방안!
1000% 이상의 확신을 가지고, 전달하세요.
곧 마감이 될 거라고요. 안달 나게 만들어야 합니다.

나다움 업데이트

지속적이고 반복적인 관계에 들어선다면, 우리는 항상 스스로 자신의 삶을 되돌아보아야 한다.

강신주, 『한 공기의 사랑, 아낌의 인문학』 중에서

매일 매일이 평화롭고 반복적이며 그래서 안정적이라고 느낄 때, 어쩌면 나 자신을 잃고 있는 지도 모릅니다.

자유로운 일상을 보내고 있다고 생각하겠지만, 주어진 상황에 익숙해져 자신의 감정과 욕망을 망각하고 있는 것은 아닐까요?

사회적 기대와 타인의 시선에 얽매여 내가 아닌 타자(他者)의 내가 되어 있는 것이죠.

나답게 살기 위해서는 지속적으로 자신을 들여다볼 수 있어야 합니다. 그래야 길을 잃지 않습니다.

반복되는 일상 속에서 공허함을 느끼고 있다면, 나다움을 업데이트 할 때입니다.

자기주도적 삶을 위한 실천방안!

정기적으로 자신의 감정, 욕망, 가치를 들여다보고 기록하세요. 또한 서로에게 선한 영향을 줄 수 있는 사람들과 교류하고 새로운 것을 배우며 다양한 경험을 통해 성장하려고 노력하세요. 그럼 멈춤과 나아감을 선택할 수 있을 겁니다.

감독 겸 주연배우

몸이 있는 곳에 마음이 있다면, 이미 주인으로서 삶을 영위하고 있는 셈이다.

강신주, 『한 공기의 사랑, 아낌의 인문학』 중에서

불편한 자리에 앉아, 억지로 웃고 있었던 적이 있나요? 몸은 사람들과 같이 있지만, 마음은 다른 곳에 있었을 겁니다. 왜냐하면 원하는 자리가 아니니까요.

살다보면 어쩔 수 없이 하고 싶지 않은 일도 해야 할 때가 있습니다. 하지만 한번뿐인 인생, 다른 사람 눈치 보지 않고 좋아하는 것에 대해 당당히 말하면서 살았으면 합니다.

인생이라는 무대 위에서 남들이 만들어 놓은 각본대로 살고 싶나요? 아니면 자신이 감독이면서 주인공으로 살고 싶나요?

내 삶의 주인으로써 진정 바라는 것이 있다면, 도전할 수 있는 용기를 가지세요.

자기주도적 삶을 위한 실천방안!

자기주도적인 마음가짐을 가지세요.
그리고 좋아하는 것을 기록하고 직접 경험해보세요.
머리로 아는 것과 몸으로 느끼는 것에는 차이가 있으니까요.
경험이 많을수록 삶의 깊이가 달라집니다.

행복은 빈도다!

"무슨 일을 하세요?"라는 질문을 받았을 때 활기찬 표정으로 대답할 수 있어야 한다.

로먼 크르즈나릭, 『인생학교 일』 중에서

진로 수업에서 일에 대한 정의를 물어본 적이 있었는데, 한 학생은 다음과 같이 대답했습니다.

"저에게 일은 제 삶입니다. 그래서 나다운 일을 찾고 있습니다."

이제는 일과 삶의 균형을 의미하는 워라밸(work and life balance)보다 일과 삶이 통합된 워라블(work and life blend)을 추구한다고 합니다.

인생에서 많은 시간을 차지하는 일, 그 일을 사랑하지 않는다면 행복한 순간은 짧을 수밖에 없습니다.

행복은 삶의 목적이 아닌, 자주 느끼는 빈도여야 합니다. 그래서 매일 뿌듯함을 느낄 수 있는 일을 해야 하는 것이죠.

지금 그 일을 사랑하고 있나요?

자기주도적 삶을 위한 실천방안!

아름다운 삶을 사세요! '아름답다'라는 단어는 '나답다'라는 의미입니다. 가장 나다운 일을 하면 됩니다! 누군가 "무슨 일을 하세요?"라고 물어 봤을 때, 밝은 표정으로 대답할 수 있을 겁니다.

천직을 찾고 있나요?

간혹 폭발적인 깨달음의 순간으로 천직을 찾는 사람들도 있지만 보통은 자신도 모르는 사이에 천천히 확고해진다.

로먼 크르즈나릭, 『인생학교 일』 중에서

요즘 저는 제게 가장 잘 맞는 일을 하고 있습니다.
그래서 감히 "천직을 찾았다"라고 말합니다.

그런데 이 일이 하루아침에 뚝딱하고 눈앞에 나타났을까요?
그렇지 않습니다. 오랜 시간에 걸쳐 해왔던 여러 일들이 어느 순간 저도 모르게 하나로 집결되고 있었던 겁니다.

힘들더라도 성취감을 느낄 수 있고, 하루 종일 몰입할 수 있고, 의미 있는 결과를 만들고 있는 일을 하고 있다면…

아마도 천직을 만들어가고 있는 중일 겁니다.

자기주도적 삶을 위한 실천방안!

천직을 찾으려 하지 마세요. 성취감을 느낄 수 있는 일을 하고 있다면, 계속해서 열정적으로 그 일을 하세요.
그러다보면, 내가 하는 일이 천직이구나라고 느끼게 될 겁니다.

습관을 점검하는 습관을 가지세요.

목표 달성 능력은 다른 말로 하면 하나의 습관이다.
즉 습관적인 능력들의 집합이다.

피터 F. 드러커, 『피터 드러커 자기경영노트』 중에서

습관이란 의식적 반응을 반복함으로써 무의식적 반응을 이끌어 내는 겁니다.

따라서 좋은 습관을 가지고 있다면, 목표 달성 능력은 얼마든지 개선시킬 수 있습니다.

그럼 어떤 습관을 가져야 할까요?
무엇보다 목표를 명확하게 정의 내리는 습관이 필요합니다.
가장 큰 문제는 문제를 정확히 모르는 것에 있습니다.
다시 얘기하면 뚜렷한 목표를 알아야 달성할 수 있다는 것이죠.

또한 가능하면 담대하게 정해야 합니다. 굳이 애써 한계를 지을 필요가 없습니다.
대신 목표를 실행 가능하도록 세분화하는 습관을 가져보세요.
그럼 불가능하게 생각했던 것들이 자신도 모르게 하나씩 이

뤄지고 있을 테니까요.

그리고 습관을 점검하는 습관을 반드시 가져야 합니다.
그래야 잘못된 길에 들어서더라도 금방 올바른 길로 나아갈
수 있습니다.

자기주도적 삶을 위한 실천방안!

어제의 성공이 반드시 내일의 성공으로 이어지는 것은 아닙니다.
그러니 초심의 마음으로 습관을 점검하는 습관을 가져 보세요.
지속적인 점검 습관, 결코 여러분들을 정체되게 하지 않을 겁
니다.

2순위를 서럽게 하지 마세요.

일을 집중적으로 추진하는 경영자가 그렇게 적은 이유는 '2순위', 즉 지금 당장 하지 않아도 될 일을 결정한 뒤 그것을 지키지 못하기 때문이다.

피터 F. 드러커, 『피터 드러커 자기경영노트』중에서

좋아하는 10가지를 작성해보고, 우선순위를 정해보세요.

아마도 1순위를 가장 먼저 실행할 겁니다. 그런데, 너무도 바쁜 나머지 2순위를 잊을 수도 있습니다.

그리고 오랜 시간이 지난 후, 다시 우선순위를 작성합니다.

그럼 새로운 1순위가 등장하고, 바쁜 일정과 의지의 한계로 인해 이전에 2순위는 또다시 찬밥이 됩니다.

해야 하는 일도 비슷합니다. 1순위 과제는 어떻게든 마무리하지만, 2순위 과제로 넘어가지 못하는 경우가 있습니다.

의지적 한계에 의해 두 번째로 밀려난 것들…

집중력이 좋은 리더들처럼 2순위, 3순위까지 해 내면 어떨까요?

자기주도적 삶을 위한 실천방안!

2순위라 생각하지 말고, 1순위 그룹이라 생각해보세요.
최소 3가지 이상의 것들을 마무리하게 될 겁니다!

내면의 힘을 키우는 방법

나를 지킨다는 것은 외부의 모든 자극을 막고자 스스로를 비우는 고립이
아니다.
내부를 좋은 것으로 채워나가는 것이다.

조윤제, 『다산의 마지막 공부』 중에서

자기주도성이 있는 성인이라면, 스스로 원하는 상황을 구축
할 수 있습니다.

책을 읽고 싶다면, 눈에 잘 보이는 곳에 책을 펼쳐두고 있으
면 됩니다.
성장하고 싶다면, 도움이 되는 사람을 곁에 두면 됩니다.
자신에게 긍정 에너지를 주는 외부 환경을 만들면 되는 겁
니다.

왜 자기개발 책을 읽고 영상을 보고 강의를 듣나요?
플러스가 되는 자극을 받기 위한 겁니다.

군이 마이너스가 되는 환경에서 유한한 시간을 보내지 마세요.
때로는 몸과 마음이 함께 있지 않은 장소에 머물 수도 있지만
가급적이면 자신에게 긍정 에너지를 주는 곳에 머물 수 있어
야 합니다.

그러기 위해서는 무엇부터 해야 할까요?

자신부터 알아야 합니다. 모든 것은 나로부터 시작하니까요.

자신을 제대로 알면, 누구를 만나고 어디서 머물며, 어떤 일을 해야 할 지, 또 무슨 책을 읽을 지 알 수 있습니다.

자기주도적 삶을 위한 실천방안!

평소 자신의 감정, 생각, 행동 등을 기록해보세요.
그리고 부정적인 것들이 있다면, 긍정적인 것들로 바꾸세요.
자신에게 도움이 되는 내·외부 상황을 만들어 갈 수 있어야 합니다.

필요한 사람으로 남는 법

타인의 부족함에 혹독하고 자신에게 너그러운 이야말로 부족한 사람이다.

조윤제, 『다산의 마지막 공부』 중에서

누군가에게 필요한 사람으로 남기 위해서는 자신에게 혹독해야 합니다.

앎과 함을 게을리 하지 않고 매일 성장하기 위한 노력이 필요한 것이죠.

"다음 강의도 기대됩니다."
"분명 더 좋은 콘텐츠를 가지고 있을 거야!"와 같이 사람들에게 기대감을 주는 존재가 되어야 합니다.

자기주도적 삶을 위한 실천방안!

한계가 없는 사람이 되기 위해서는 자신의 부족함을 채우기 위해 끊임없이 노력해야 합니다. 그게 싫다면, 일할 때 다 들어내지 마세요.

피터팬의 외침

100세 시대에 20대 초에 배운 지식으로 수십 년 우려먹기가 불가능합니다.

최재천, 안희경, 『최재천의 공부』 중에서

공부는 다 때가 있을까요?
머리가 팽팽 잘 돌아갈 때만 하는 것이 공부일까요?

그렇지 않습니다!
자고 일어나면 달라지는 현실에서 20대까지 배운 지식으로
평생 살아가겠다는 것은 놀부 심보와 같습니다.
그래서 공부는 죽을 때까지 해야 하는 겁니다.

피터팬과 같이 영원한 젊음을 유지하고 싶다면 공부를 해야
합니다. 우리 뇌는 즐거운 도전을 좋아하기 때문에 배움을 멈
추면 퇴보하게 됩니다.
그래서 배우는 사람은 평생 청춘이라고 하는 겁니다.

🖋 자기주도적 삶을 위한 실천방안!

평생 현역으로 살고 싶다면, 하고 싶은 공부를 하세요.
책을 읽고 쓰고 실행하는 방법을 추천합니다.

멀티플레이어가 되는 법

'언제까지 끝내야 하는 일'은 '1주일이나 2주일 전까지 끝내야 하는 일'이
됐어요. 미리 다 해놓습니다.

최재천, 안희경, 『최재천의 공부』 중에서

시간에 쫓겨 사는 사람들이 많습니다.

약속한 기한을 지키지 못할 때도 종종 발생합니다.

"너무 바빠서 도저히 어쩔 수 없었어요."라는 말을 하면 오히
려 약속을 지킨 사람이 미안해집니다.

그런데 반대의 경우도 있습니다. 정말 바쁘게 사는데도, 일을
여유 있게 하는 사람도 있다는 것이죠. 동시에 여러 가지 일
들을 척척 해결하는 능력자라고 인정받습니다. 그 비결이 뭐
냐고 물어보면, 비슷한 얘기를 합니다.

"일찍 시작하고 빨리 끝내면 가능합니다."

"미리 시간을 빼놓으면 가능합니다."

그렇습니다. 시간은 부족하지 않습니다.

미리 빼놓지 않을 뿐이죠.

✒ 자기주도적 삶을 위한 실천방안!

동시에 많은 일을 하고 싶다면, 마감 시간보다 더 빨리 끝내세
요. 타인에게 미안할 일은 없을 것이고, 완성도 높은 결과를 만
들 수 있을 겁니다. 딱 일주일만 빨리 끝내보세요.

어두운 터널을 통과하는 방법

'나한테 없는 걸 부러워하지 말자. 내가 할 수 있는 일을 하고 내가 갈 수 있는 길을 가자. 그게 언제 이루어질 지 알 수 없다 해도.'

한동일, 『한동일의 공부법』 중에서

사람들이 불행한 건, 어찌할 수 없는 문제를 해결하려고 고민하기 때문입니다. 한계를 두자는 것이 아닙니다. 어쩔 수 없는 것들은 인정하자는 겁니다.

대표적인 것이 가족입니다. 좋던 싫던 가족은 버릴 수가 없습니다. 그러니, 탓하지 말고 자신이 할 수 있는 것에 집중하세요.

우리 인생이 늘 원하는 대로만 되면 좋겠지만, 어찌 그런가요? 그렇지 않습니다. 그럴 때마다 원망하고 불만으로 가득한 삶을 살 건가요? 결코 자신에게도 좋지 않습니다.

그러니, 변할 수 없는 것을 불평하지 말고, 할 수 있는 것에 최선을 다하며, 희망을 버리지 않았으면 좋겠습니다. 저 또한 그렇게 살아왔고, 살아가고 있습니다.

자기주도적 삶을 위한 실천방안!

마음속에 부정적 감정을 채우는 대신 긍정 에너지를 충전하세요. 마음먹기에 따라 얼마든지 달라질 수 있습니다. 희망을 버리지 않고 인내한 사람에게는 반드시 터널 끝이 보입니다.

고수가 되는 길

'아는 만큼 보인다'라는 말이 있습니다. 이 말을 공부에 적용하면 타인에게 설명할 수 있는 만큼 내가 아는 겁니다.

한동일, 『한동일의 공부법』 중에서

대학에서 학생들을 가르치면서 매번 느끼는 것은 제 자신이 더 많이 성장하고 있다는 겁니다.

왜 그럴까요? 다른 사람들에게 설명할 수 없으면 완벽하게 아는 것이 아니기에, 더 많이 공부하고 제대로 준비해서 전달하기 때문입니다.

그런데 잘 전달하는 것만으로는 10% 부족합니다. 상대방이 원하는 말로 설명할 수 있어야 합니다. 유치원생도 알아들을 수 있을 정도로 쉽게 알려 줄 수 있어야 하는 것이죠.

복잡하고 어려운 내용을 재미있고 이해하기 쉽게 말한다는 것은 전체 의미를 정확하게 파악하고 재정의할 수 있다는 겁니다. 배우고 실행하며 습득한 깨달음 없이는 도달할 수 없는 것이죠.

자기주도적 삶을 위한 실천방안!

참된 의미를 깨닫고 싶다면 주변 사람들에게 설명하세요. 서툴러도 좋습니다. 계속 하다보면 해당 분야에 전문가가 되어 있을 겁니다. 방대한 양의 정보를 단 하나의 단어로 정의하는 고수가 되는 것이죠.

식(食)을 알면 식견(識見)이 높아진다.

트렌드를 보기 위해 한 분야만 보아야 한다면 단연 '식(食)'이다.

정석환 외 6명, 『2024 트렌드 노트』 중에서

앞으로 우리의 식생활은 어떻게 변화될까요?

첫째, 개인의 건강 상태, 생활 습관 등을 고려한 맞춤형 식생활이 일반화될 것으로 예상합니다.

둘째, 가상현실(VR)과 증강현실(AR)을 활용하여 원하는 공간에서 식사를 즐길 수 있을 겁니다. 그리스 산토리니에서 식사하는 상황을 한국에서 연출할 수 있게 되는 것이죠.

셋째, 지속 가능한 식품을 소비할 겁니다. 지구를 돌보기 위해 식품 생산과 소비 방식이 변화될 테니까요.

그렇다면, 우리는 무엇을 해야 할까요? 각자 자신의 영역에서 어떤 것을 준비해야 할 지 생각해본다면, 누구보다 빠르게 대처할 수 있을 겁니다.

✎ 자기주도적 삶을 위한 실천방안!

식(食)을 대하는 사람들의 태도를 살펴보면, 식견(識見)이 높아지고 미래를 예측할 수 있습니다.
식생활에 변화가 내 일과 어떤 관련이 있을지 생각해보세요.

진정성은 어떻게 발견되는가?

20대에서 40대를 아우르는 〈슬램덩크〉의 공통분모는 스토리와 콘텐츠에 대한 '진심 어린 감동'이다.

정석환 외 6명, 『2024 트렌드 노트』 중에서

오랜 시간 사랑받는 브랜드에게는 진정성이란 공통점이 있습니다.

사람도 마찬가지죠. 진심 어린 마음가짐을 보이는 사람에게 우리는 호감을 갖게 됩니다.

그럼 진정성은 어떻게 만들 수 있을까요?

자신만의 정체성과 올바른 가치관을 가지고 있어야 합니다.

또한 사람들과 수평적 관계에서 공감하며, 시대에 맞게 매력적인 모습을 디자인 할 수 있어야 합니다.

더 나아가 인생의 희로애락(喜怒哀樂)이 담겨 있는 스토리가 만들어진다면, 어떠한 상황에서도 칭찬과 지지를 보내줄 '찐팬'을 갖게 될 겁니다.

🖋 자기주도적 삶을 위한 실천방안!

기업이든 개인이든 오랜 시간 사랑 받는 브랜드를 만들고 싶다면, 자신만의 정체성을 확립하고, 감동을 줄 수 있는 스토리를 쌓아가세요. 처음의 마음으로 항상 진심을 다한다면, 고객은 그 진정성을 발견하게 될 겁니다.

길을 잃지 않는 방법

인생 마지막 순간, 삶을 마감하려고 할 때 누군가가 질문을 합니다.
"그동안 살아온 삶을 하나의 가치관으로 표현한다면 뭐라고 할 수 있나요?"

장혜정 외 4명, 『그럼에도, 맑음』 중에서

저에게 중요한 가치는 '나다움'입니다. 수많은 갈림길과 장애물 앞에서 중요한 결정을 할 때면, 제가 가진 가치관과 신념을 바탕으로 판단해왔습니다. "이것이 과연 나다운 일인가?" "내가 진정 바라는 것인지?, 아님 바람직해서 선택하는 것인지?" 핵심가치를 기준으로 판단하고 행동해왔기에 흔들림 속에서도 방향을 잃지 않고 잘 걸어가고 있는 것 같습니다.

하지만 주의해야 할 것이 있습니다. 생각이 너무 확고한 것은 문제가 될 수 있다는 겁니다. 상황에 따라 유연한 판단을 할 필요가 있는 것입니다.

그래서 저에게는 또 하나의 중요한 핵심 가치가 있습니다. 바로 '상생(相生)'입니다. 모두가 함께 성장하고 나아갈 수 있는 길을 선택하고자 합니다.

자기주도적 삶을 위한 실천방안!

철학(哲學)이 있다는 건, 갈림길에서 어디로 가야 할 지 선택할 수 있는 기준이 있다는 겁니다. 인생에서 중요하게 생각하는 신념, 가치 등을 종이에 적어보세요.

나의 하루

세상은 결코 만만치 않습니다.
따라서 간절히 원하는 일라면 포기하지 말고 계속 나아가세요.
일상의 평범함이 쌓여 비범한 결과를 만들게 될 테니까요.

장혜정 외 4명, 『그럼에도, 맑음』중에서

위대한 업적은 가장 사소한 것에서 시작됩니다.

이는 인간의 일상을 통해 그의 인생 전체를 예측할 수 있음을
의미합니다.

2023년 12월 스포츠 역사상 최초로 LA 다저스와 10년 7억 달
러(한화 약 9,210억 원)에 계약한 오타니 쇼헤이는 이런 말을 했습
니다.

"작은 한 걸음, 한 걸음이 더 큰 목표로 나를 이끌었다."

즉, 성공의 열쇠는 매일 자신의 목표를 향해 충실하게 살아가
는 것에 있습니다.

가장 작은 것에서 모든 것이 시작된다는 것을 기억하며,

지금 주어진 하루를 무의미하게 보내지 마세요.

자기주도적 삶을 위한 실천방안!

평소 하루를 어찌 보내는 지 점검해보세요.
그리고 목표한 바를 이루기 위해 매일 무엇을 해야 할 지 기록
하고, 그 일에 최선을 다 하세요.

돈과 친하세요?

나는 종종 딸에게 장난감보다 가치 있는 것들에 관해 이야기해준다.
또 돈을 불릴 수 있는, 즉 투자하는 방법도 알려준다.
그리고 아이가 좋아하는 과자나 최신형 스마트폰 같은 것도 그렇게 투자
해서 번 돈으로 살 수 있다고 설명해 준다.

판교불패, 『올웨더 투자법』 중에서

과거에 저는 '난 일한 만큼만 돈을 버는 것 같아.'라는 생각과
말을 자주 했었습니다.
진짜 딱 그 정도의 돈만 제게 왔었고, 아니 어쩌면 더 적게 들
어왔던 것 같습니다.

이런 저의 생각은 코로나 시기를 극복하면서 돈과 친해질 수
있는 해석시스템으로 새롭게 세팅할 수 있었습니다.
벼랑 끝 상황에서 6개월 간 저를 돌아보는 시간을 가졌었고,
어릴 적부터 저도 모르는 사이에 돈에 대한 부정적 인식이 무
의식에 내재되어 있었음을 깨닫게 되었죠.

"밖에 나가서 땅을 파봐라, 100원 한 푼이 나오는가!"
'오죽 했으면 이런 말씀을 하셨을까', 상황은 충분히 이해가
됩니다.
하지만 이런 얘기들이 쌓이고 쌓여 돈에 대한 부정적 경험이

만들어지는 것이죠.

자녀에게 유용한 수단으로써 자본의 가치를 잘 설명해주세요.
그리고 돈을 바라보는 부모의 감정과 생각 그리고 경험이 자녀에게 그대로 전달됨을 잊지 마세요.
따라서 부모가 먼저 돈을 끌어당길 수 있는 해석시스템을 세팅하고 보여줘야 합니다.

자기주도적 삶을 위한 실천방안!

돈을 볼 때 느끼는 감정과 떠오르는 생각, 그리고 과거의 경험을 적어보세요.
만약 부정적인 것이 하나라도 있다면 그것들을 비우고 긍정의 해석시스템으로 바꿔야 합니다.
친해져야 곁에 머물러 있습니다.

자는 동안 수입이 들어오고 있나요?

자본주의 사회를 살아가는 우리가 주의 깊게 살펴야 할 것은 소득의 양극화가 아닌 자산의 양극화다.

판교불패, 『올웨더 투자법』 중에서

노동소득과 자본소득의 개념을 구분할 수 있나요?

만약 그렇지 않다면, 일을 해야 돈이 들어오는 생활을 하고 있을 겁니다.
즉 자본소득이 뭔지 모른다는 것이죠.

돈을 많이 버는 능력도 갖춰야 하지만, 번 돈을 지키고 유지하고 불릴 수도 있어야 합니다.

계속해서 일을 해야 수입이 생기는 방식으로 살 수는 없으니까요.
1년에 1억 원을 번다고 해서 그 돈이 온전히 내 수입이라고 생각하면 안 됩니다.
1억 원 중 일부가 투자가 되어, 자고 있을 때 알아서 돈 복사가 되는 구조를 이해하고 만들 수 있어야 하는 겁니다.

주식, 부동산, 채권, 암호 화폐, 지적 재산 등등 뭐든 좋으니 하루 빨리 자본 소득을 창출하세요.

자기주도적 삶을 위한 실천방안!

자신의 분야를 찾고 역량을 강화시켜 노동소득을 극대화하세요.
그리고 최대한 빠르게 비근로 소득을 세팅해야 합니다.
일하지 않아도 알아서 돈이 계속 창출되는 진짜 수입을 만들어야 하는 것이죠.
그러니, 공부하세요! 경제 흐름에 대해 관심을 갖고 자본소득을 반드시 구축하세요.

인생 문장 작성하기

"책 속 내용 중 마음에 와 닿는
문장 5개를 찾고,
자신의 문장으로 작성해보세요."

첫 번째 인생 문장 작성

1. 내가 찾은 책 속 문장

....
....
....
....
....

2. 1번에 적은 문장을 나의 문장으로 전환하기

....
....
....
....
....

3. 2번에서 작성한 문장을 일상에서 적용하기 위한 구체적인
방법 작성하기

....
....
....
....
....

두 번째 인생 문장 작성

1. 내가 찾은 책 속 문장

....
....
....
....
....

2. 1번에 적은 문장을 나의 문장으로 전환하기

....
....
....
....
....

3. 2번에서 작성한 문장을 일상에서 적용하기 위한 구체적인 방법 작성하기

....
....
....
....
....

세 번째 인생 문장 작성

1. 내가 찾은 책 속 문장

....
....
....
....
....

2. 1번에 적은 문장을 나의 문장으로 전환하기

....
....
....
....
....

3. 2번에서 작성한 문장을 일상에서 적용하기 위한 구체적인
방법 작성하기

....
....
....
....
....

네 번째 인생 문장 작성

1. 내가 찾은 책 속 문장

....

....

....

....

....

2. 1번에 적은 문장을 나의 문장으로 전환하기

....

....

....

....

....

3. 2번에서 작성한 문장을 일상에서 적용하기 위한 구체적인
   방법 작성하기

....

....

....

....

....

다섯 번째 인생 문장 작성

1. 내가 찾은 책 속 문장

....
....
....
....
....

2. 1번에 적은 문장을 나의 문장으로 전환하기

....
....
....
....
....

3. 2번에서 작성한 문장을 일상에서 적용하기 위한 구체적인
   방법 작성하기

....
....
....
....
....

고통(苦痛)의 순간이 찾아오면, 이렇게 하자!

홍재기

초개인화 시대, 많은 것들을 혼자 힘으로 극복해야 할 순간이 앞으로는 더 많이 찾아올 겁니다. 그런데 이때를 너무 두려워하지 마세요. 만약 고난과 시련이 찾아온다면, 더 성장하기 위한 기회라고 생각하세요. 진정한 나의 잠재력을 시험받는 오디션이라고 받아들이고, 당당히 LEVEL UP 하시면 됩니다.

힘겨운 순간이 찾아올 때, 먼저 현실을 객관적으로 바라보셨으면 좋겠습니다. 두려움이나 절망으로 인해 발생하지 않은 미래를 마치 현실인 것처럼 왜곡되어 해석하지 않기 위해서죠. 지금 마주하고 있는 상황을 있는 그대로 인정한다면, 얼마든지 해결해 나갈 수 있습니다. 여러분들이 가진 강점을 잘 활용한다면 충분히 가능한 일입니다.

변화는 내 안에서 시작됩니다. 내게 찾아온 고통을 "그럴 만한 이유가 있을 거야.", "나의 성장 스토리를 하나 더 만들 수 있겠는데…"

와 같이 긍정적인 감정으로 전환한다면 원하는 미래를 만들어 낼수 있을 겁니다. 긍정적인 감정은 창의성을 향상시키고 문제 해결 능력을 촉진하여 괴로움으로 인해 가려졌던 해결책을 볼 수 있게 해주니까요.

그리고 불편한 감정에 압도당하지 않기 위해, 자신만의 감정 전환 활동을 가지고 있으면 도움이 됩니다. 저는 스트레스와 불안감이 커질 경우, 명상, 운동, 독서, 산책, 감정 기록하기 등의 5가지 활동을 주로 실천합니다. 이 중 '감정 기록하기'는 현재 나의 감정 상태를 객관적으로 인지할 수 있기 때문에 많은 분들에게 추천하고 있는데요. 여러분들도 명상이나 산책을 하면서 현재 감정이 왜 발생했는지를 기록해보세요. 물론, 감정 전환을 한다고 해서 완벽하게 고통이 사라지지는 않습니다. 다만, 압박감에서 벗어날 수 있으니 부정적 감정에 의해 주저 앉지는 않을 겁니다. 자신에게 적합한 기분 좋아지는 활동을 찾아 작성해보시면 좋겠습니다.
그럼 다른 작가들은 어떤 방식으로 감정 전환을 하는지 살펴 보겠습니다.

정미선

혼란이 끊이지 않는 이 시대를 살아내고 있는 고마운 그대에게 전하고 싶은 이야기, '하루를 잘 보내면 그날 잠이 달고 인생을 잘 보내면 죽음이 달다'는 이야기를 들어보신 적 있나요? 세상엔 온통 우리가 이 세상을 어떻게 잘 살 것인가! 에 관한 이야기들로 가득 차 있습니다. 사실 우리는 모두 단 한명도 빼놓지 않고 죽어가는 과정에 있습니다. 우리는 죽음을 반드시 기억해야 합니다. 따라서 사는 동안 명료함을 가지고 선을 베풀며 우리에게 주어진 소중한 시간을 가장 후회 없이 보내야 할 것입니다. 오늘도 평화롭고, 에너지 가득한 삶의 영화를 한편, 한편 완성해 가고 있는 그대들을 응원하며…

오혜승

"범사에 기뻐하라.", "나에게 찾아온 진화의 기회를 만끽하라." 고통이란 격변하는 에너지 한 가운데 놓여 있다는 뜻이며, 이는 내가 지금 머물고 있는 이 찰나에서 나의 선택에 따라 조금 더 나은 수준으로 진화할 수 있는 기회임을 의식하고 감사함과 기쁨의 감정으로 늘 전환하고자 합니다. 어떤 상황이든 내 앞에 펼쳐지기 마련이고 이 모든 상황들이 나를 무릎 꿇게 하거나 고통을 주기 위함이 아닌 나에게 더 나은 삶을 살아갈 경험과 기회를 주고 있음을 잘 알아차리고 살아간다면, 고통이 곧 기쁨이요, 감사함 그 자체로 느껴질 거라 생각합니다. "괴롭고 부정적인 감정을 일으키는 사건 앞에서 나를 성장시킬 감사한 의도 찾아내기" 추천합니다!

정유진

고통의 순간은 우리에게 더 나은 일이 오고 있다는 신호일 수 있습니다. 그것은 우리를 더 강하고 견고하게 만들어 줄 수 있는 기회일지도 모릅니다. 그래서 우리는 고통을 만날 때마다 희망을 가져야 하며, 미래에 더 나은 일이 올 것이라고 믿어야 합니다. 이것이 우리가 어떤 상황에서도 포기하지 않는 방법입니다.

문미라

고통에 직면하면 참 암담하고 어찌할 바를 모를만큼 힘듭니다. 하지만 그런 힘든 순간순간을 잘 넘어왔기 때문에 지금의 성장을 이룬 것입니다. 모두 다 필요한 과정일 것입니다. "와~ 얼마나 잘되려고 이러지!" 원망이나 한탄보다는 더 나은 나를 위해 다듬어지고 견고해지는 과정이라 여기고 자꾸 되뇝니다. '나는 잘 이겨 낼 거야', '반드시 해낼 수 있어'라며 나에게 마법의 주문을 겁니다. 내가 나를 믿어주는 겁니다. 응원의 메시지도 찾아보고, 힘이 되었던 노래를 찾아 듣기도하고, 힘든 시기를 함께했던 동료와 그때의 그 시간들을 곱씹으며 다시 해낼 수 있음의 용기를 얻습니다. 그렇게 나는 나를 다시 믿습니다. 이번에도 반드시 잘 헤쳐 나갈 거라고요. 마음먹기에 달려 있습니다! 잘 해낼 거라고 응원의 박수를 보내주세요!

하미옥

요가 수련을 할 때, 고통이란 요가를 하는 매 순간입니다. 요가가 편하다면, 불편함이 없다면 정렬이 틀어졌거나 익숙함에 젖은 것입니다. 성장을 위해서라면 매 순간 고통이 있기 마련이죠. 고통이 느껴지는 순간엔 고통에 집중하는 것이 아닙니다. 고통의 단어가 떠오르는 순간 그 생각을 날려버리고 호흡에 집중합니다. 인생의 고통도 마찬가지일 겁니다. 고통이 찾아오면 고통에 집중하기보다 숨고르기 호흡을 하세요. 고통을 준 사건과 사람에 집중하지 말고 내 안에 나와 호흡을 지켜봐 주세요. 그리고 내 마음이 가는대로 신나는 일을 찾아보길 바랍니다. 저는 일단 매운 불닭발을 주문해봅니다.

살면서 어려움을 겪지 않는 사람은 없을 겁니다. 하지만 고난이 찾아올 때마다 "어쩔 수 없었어."와 같이 앞으로 나아가지 못하는 핑계로 만들어서는 안 됩니다. "집 안 사정이 좋지 않아서", "가진 게 없어서", "시간이 없어서"라는 이유를 반복적으로 사용하다보면, 부정적 에너지가 늘 내 안에 가득해집니다. 그럼 설령 좋은 상황이 찾아와도 또 부정적 패턴으로 반응하기 때문에 긍정적 결과를 만들 수 없게 되는 것이죠.

고통을 받아들이고, 맑은 눈으로 현실을 바라보고, 모든 역경이 큰 승리의 씨앗을 담고 있다는 믿음으로 스토리텔링하세요. "성공하고 나면 행복해지는 것이 아니라, 행복하기 때문에 성공할 수밖에 없다."라는 말처럼, 평소 행복감을 자주 느끼며, 여러분들만의 이야기를 만들어 갈 수 있기를 바랍니다. 그리고 그 여정 속에 이 책이 곁에서 도움이 되었으면 좋겠습니다.

[참고문헌]

파트 I

줄리엣펀드, 『화이트스페이스』, 알키, 2023

팀 페리스, 『타이탄의 도구들』, 토네이도, 2022

김현중, 『바운스 백』, 김영상, 2014

에드 마일렛, 『'한 번 더'의 힘』, 토네이도, 2022

보도 섀퍼, 『보더 섀퍼의 이기는 습관』, 토네이도, 2022

간다 마사노리, 『비상식적 성공 법칙』, 생각지도, 2022

웨인 다이어, 『우리는 모두 죽는다는 것을 기억하라』, 토네이도, 2019

토니 로빈스, 『토니 로빈스 거인의 생각법』, 알에이치코리아(RHK), 2023

홍정욱, 『50 홍정욱 에세이』, 위즈덤하우스, 2021

송길영, 『시대예보 : 핵개인의 시대』, 교보문고, 2023

박용후, 『관점을 디자인하라』, 쌤앤파커스, 2018

이미도, 『똑똑한 식스펙』, 뉴, 2016

서과장, 『사는 동안 한 번은 팔아봐라』, 마인드셋(Mindset), 2024

피트 데이비스, 『전념』, 상상스퀘어, 2022

도널드 밀러, 『무기가 되는 스토리』, 윌북(willbook), 2018

강신장, 『오리진이 되라』, 쌤앤파커스, 2010

데일 카네기, 『데일카네기 인간관계론』, 현대지성, 2019

파울로 코엘료,『아처』, 문학동네, 2021

오두환,『오케팅』, 대한출판사, 2021

니르 이얄,『초집중』, 안드로메디안, 2020

라이언 홀리데이,『스틸니스』, 흐름출판, 2020

파트 Ⅱ

비욘 나티코 린데블라드,『내가 틀릴 수도 있습니다』, 다산초당, 2024

신수정,『일의 격』, 턴어라운드, 2021

안성은,『믹스(MIX)』, 더퀘스트, 2022

사이먼 시넥,『스타트 위드 와이 (START WITH WHY)』, 세계사, 2021

하브 에커,『백만장자 시크릿』, 알에치코리아(RHK), 2020

윤석금,『나를 돌파하는 힘』, 리더스북, 2022

돈 미겔 루이스 외 2명,『이 진리가 당신에게 닿기를』, 페이지2, 2022

레드펭귄,『브랜드 마케터로 일하고 있습니다』, 천그루숲, 2022

이어령,『눈물 한 방울』, 김영사, 2022

켈리 최,『웰씽킹』, 다산북스, 2021

김설아,『하루의 사랑작업』, 정신세계사, 2023

발타자르 그라시안,『사람을 얻는 지혜』, 현대지성, 2022

켈리 누넌 고어스,『HEAL 치유』, 샨티, 2020

벤저민 하디,『퓨처셀프』, 상상스퀘어, 2023

그랜트 카돈,『집착의 법칙』, 부키, 2023

애덤 그랜트,『싱크 어게인』, 한국경제신문사(한경비피), 2021

기시미 이치로, 고가 후미타케, 『미움받을 용기』, 인플루엔셜, 2022

유영만, 박용후, 『언어를 디자인하라』, 쌤앤파커스, 2022

정주영, 『더 레이저』, 메가믹스스튜디오, 2023

류시화, 『내가 생각한 인생이 아니야』, 수오서재, 2023

노가영 외 3명, 『2024 콘텐츠가 전부다』, 미래의창, 2023

파트 Ⅲ

노가영 외 2명, 『2023 콘텐츠가 전부다』, 미래의창, 2022

드로우앤드류, 『럭키 드로우』, 다산북스, 2022

권오현, 『초격차』, 쌤앤파커스, 2018

이승윤, 『커뮤니티는 어떻게 브랜드의 무기가 되는가』, 인플루엔셜, 2022

김승호, 『사장학개론』, 스노우폭스북스, 2023

세스 스티븐스 다비도위츠, 『데이터는 어떻게 인생의 무기가 되는
　　　가』, 더퀘스트, 2022

조한솔, 『내 생각과 관점을 수익화하는 퍼스널 브랜딩』, 초록비책
　　　공방, 2022

모건 하우절, 『돈의 심리학』, 인플루엔셜, 2021

이승환, 『슈퍼 개인의 탄생』, 어웨이크북스, 2023

오하시 가즈요시, 『다 팔아버리는 백억짜리 카피 대전』, 보누스, 2022

주언규, 『슈퍼노멀』, 웅진지식하우스, 2023

댄 설리번, 벤저민 하디, 『누구와 함께 일할 것인가』, 비즈니스북스, 2023

김난도 외 10명, 『트렌드코리아 2024』, 미래의창, 2023

김용섭, 『라이프 트렌드 2024』, 부키, 2023

조연심, 『하루 하나 블랜딩』, 힘찬북스, 2023

조원경, 『감정 경제학』, 페이지2. 2023

강주원, 『보통의 달리기』, 비로소, 2023

박세니, 『멘탈을 바꿔야 인생이 바뀐다』, 마인드셋(Mindset), 2022

황농문, 『몰입 두 번째 이야기』, 알에이치코리아(RHK), 2011

데일 카네기, 『데일카네기 인간관계론』, 현대지성, 2019

김익한, 『거인의 노트』, 다산북스, 2023

파트 IV

송길영, 『그냥하지 말라』, 북스톤, 2021

개리 비숍, 『시작의 기술』, 웅진지식하우스, 2023

옥성아, 채한얼, 『다정하게 무해하게, 팔리는 콘텐츠를 만듭니다』,
        위즈덤하우스, 2022

게리 켈러, 제이 파파산, 『원씽 THE ONE THINK』, 비즈니스북스, 2013

신현암, 전성률, 『왜 파타고니아는 맥주를 팔까』, 흐름출판, 2022

김지헌, 『마케팅 브레인』, 갈매나무, 2021

에드거 샤인, 피터 샤인, 『리더의 질문법』, 심심, 2022

클리프 쿠앙, 로버트 패브리칸트, 『유저 프랜들리』, 철림출판, 2022

박지현, 『참 괜찮은 태도』, 메이븐, 2022

정경화, 『유난한 도전』, 북스톤, 2022

노준영, 『알파세대가 온다』, 천그루숲, 2023

루이스 하우스, 『그레이트 마인드셋』, 포레스트북스, 2023

박종윤, 『내 운명은 고객이 결정한다』, 쏭북스, 2019

라이언 홀리데이, 『스틸니스』, 흐름출판, 2020

김경일, 『마음의 지혜』, 포레스트북스, 2023

이재은, 『하루를 48시간으로 사는 마법』, 비즈니스북스, 2021

최인아, 『내가 가진 것을 세상이 원하게 하라』, 해냄, 2023

강용수, 『마흔에 읽는 쇼펜하우어』, 유노북스, 2023

폴커 키츠, 마누엘 투쉬, 『마음의 법칙』, 포레스트북스, 2022

마티아스 뇔케, 『나를 소모하지 않는 현명한 태도에 관하여』, 퍼스트펭귄

파트 V

그랜트 카돈, 『10배의 법칙』, 부키, 2023

김형석, 『김형석의 인생문답』, 미류책방, 2022

이나모리 가즈오, 『왜 일하는가』, 다산북스, 2021

이본 쉬나드, 『파타고니아, 파도가 칠 때는 서핑을』, 라이팅하우스, 2020

세스 고딘, 『트라이브즈 Tribes』, 시목, 2020

조윤제, 『다산의 마지막 질문』, 청림출판, 2023

김미경 외 8명, 『세븐 테크』, 웅진지식하우스, 2022

홍재기 외 5명, 『오늘도 우리는 성장하고 있습니다』, 심플라이, 2022

손웅정, 『모든 것은 기본에서 시작한다』, 수오서재, 2021

고려대학교 고령사회연구센터, 『2022 대한민국이 열광할 시니어 트
렌드』, 비즈니스북스, 2021

베르너 티키 퀴스텐마허, 로타르 J. 자이베르트, 『단순하게 살아라』, 김영사, 2021

이근상, 『이것은 작은 브랜드를 위한 책』, 몽스북, 2021

세스 고딘, 『린치핀』, 라이스메이커, 2023

존 리비, 『당신을 초대합니다』, 천그루숲, 2021

헤르만 헤세, 『내가 되어가는 순간』, 생각속의집, 2020

이원홍, 『남의 마음을 흔드는 건 다 카피다』, 좋은습관연구소, 2020

최인철, 『굿 라이프』, 21세기북스, 2018

박신후(lolly), 『행복을 파는 브랜드, 오롤리데이』, 블랙피쉬, 2022

고윤(페이서스 코리아), 『아무것도 하지 않으면 아무것도 달라지지 않는다』, 마인드셋(Mindset), 2022

다카하시 히로카즈, 『퀀텀 시크릿』, 알레, 2023

오바라 가즈히로, 『프로세스 이코노미』, 인플루엔셜, 2022

쑤린, 『어떻게 인생을 살 것인가』, 다연, 2021

파트 VI

임재성, 『동양의 마키아벨리 한비자 리더십』, 평단, 2020

브라이언 트레이시, 『브라이언 트레이시 성공의 지도』, 갤리온, 2022

황창규, 『빅 컨버세이션 THE BIG CONVERSATIONS』, 시공사, 2021

이나모리 가즈오, 『어떻게 살아야 하는가』, 다산북스, 2022

조남성, 『그로쓰 GROWTH』, 클라우드나인, 2021

박정부, 『천 원을 경영하라』, 쌤앤파커스, 2022

박경민, 『돈 버는 절대 회계』, 경이로움, 2022

홍성태, 『브랜드로 남는다는 것』, 북스톤, 2022

박준영, 『Z의 스마트폰』, 쌤앤파커스, 2022

존 칠드러스, 『컬처 레버리지』, 예미, 2020

빌 비숍, 『핑크펭귄』, 스노우폭스북스, 2021

강신주, 『한 공기의 사랑, 아낌의 인문학』, EBS BOOKS, 2020

로먼 크르즈나릭, 『인생학교 일』, 쌤앤파커스, 2013

피터 F. 드러커, 『피터 드러커 자기경영노트』, 한국경제신문사(한경

      비피), 2020

조윤제, 『다산의 마지막 공부』, 청림출판, 2018

최재천, 안희경, 『최재천의 공부』, 김영사, 2022

한동일, 『한동일의 공부법』, EBS BOOKS, 2020

정석환 외 6명, 『2024 트렌드 노트』, 북스톤, 2023

장혜정 외 4명, 『그럼에도, 맑음』, 씽크스마트, 2023

판교불패, 『올웨더 투자법』, 알에이치코리아(RHK), 2023